Tobias Beck

Die Rede deines Lebens

Tobias Beck

Die Rede deines Lebens

Wie du als Trainer und Speaker Menschen inspirierst und ein stabiles Business aufbaust

Externe Links wurden bis zum Zeitpunkt der Drucklegung des Buches geprüft. Auf etwaige Änderungen zu einem späteren Zeitpunkt hat der Verlag keinen Einfluss. Eine Haftung des Verlages ist daher ausgeschlossen.

Bibliografische Information der Deutschen Nationalbibliothek

Die Deutsche Nationalbibliothek verzeichnet diese Publikation in der Deutschen Nationalbibliografie; detaillierte bibliografische Daten sind im Internet über http://dnb.d-nb.de abrufbar.

ISBN 978-3-86936-968-6

Lektorat: Sabine Rock, Frankfurt am Main | www.druckreif-rock.de
Illustrationen: Marvin Clifford
Umschlaggestaltung: total italic (Thierry Wijnberg), Amsterdam / Berlin
Umschlagkonzept: Kathrin Fuchsbauer | www.derdesignfuchs.de
Autorenfotos: Patrick Reymann | www.momentesammler.pro
Satz und Layout: Lohse Design, Heppenheim | www.lohse-design.de
Druck und Bindung: Salzland Druck, Staßfurt

3. Auflage 2024
© 2020 GABAL Verlag GmbH, Offenbach
Alle Rechte vorbehalten. Vervielfältigung, auch auszugsweise,
nur mit schriftlicher Genehmigung des Verlages.

Wir drucken in Deutschland.

www.gabal-verlag.de
www.facebook.com/Gabalbuecher
www.twitter.com/gabalbuecher
www.instagram.com/gabalbuecher

PEFC zertifiziert
Dieses Produkt stammt aus nachhaltig bewirtschafteten Wäldern und kontrollierten Quellen.

www.pefc.de

Inhalt

Einleitung	9
Such dir Vorbilder. Komm in deine Rolle	14
Die Begegnung mit meinen Mentoren	14
Die »Das Publikum ist der Star«-Ethik	25
Celebrity Twin	30
Florian Silbereisen kann nicht singen?	32
Steh für etwas: YOU ARE THE VOICE!	36
Rahmen	39
Rahmen wichtiger als der Inhalt?	39
The German Approach: Darüber lacht die Welt	45
Nie mehr Schule	48
Die vier Menschentypen abholen	51
Offenes versus geschlossenes System	57
Code of Honor – der Ehrenkodex	61
Alles, was einfach aussieht, ist schwer	65
Alles hängt mit allem zusammen	67
Menschen abholen	69
As-ising – sag's, wie es ist	69
Die Gänse-Taktik – alles wird gefeiert	71
Du versus Sie	72
Das geheime Template	72
Zoomen	84
Verletzlichkeit	85
Performance	86
Wirkung	86
Der Halo-Effekt	89
Command Mode: Du bist der Chef im Ring	94
Verpisserwörter meiden	96
Die Ente	98

Umgang mit Störern – VGZ ... 102
Auch Pumuckl und Biene Maja ernten Kritik ... 106
Umgang mit Lampenfieber ... 109
Der Dalai-Lama-Effekt – so holst du dir Beistand
    von höherer Stelle ... 116
Struggle ... 119

Technik / Lerntechniken ... 123
Mach es groß und bunt ... 123
Der offene Kreis – Loop ... 125
Lerntypen: Visuell, auditiv, kinästhetisch ... 127
Superlearning / Suggestopädie ... 129
Tipps für den roten Faden ... 138
Das Debriefing – hilft deinen Teilnehmenden, zu reflektieren ... 140

Betätigungsfelder & Verdienstmöglichkeiten ... 143
Mit »Sprechen« Geld verdienen ... 143
Barter Agreement ... 149

Dein Modell ... 152

Duplikation ... 155
Yvonne Schönau ... 158
Christian Gaertner ... 164

Marketing & Social Media ... 169

Events? Nein, Magie … ... 175
E – Experience ... 179
V – Venue ... 181
E – Emotions ... 183
N – Normal is boring! ... 185
T – Team ... 186

Übernimm das Steuer in deinem Business ... 187
Eine gute Selbsteinschätzung ... 187
Wie erkennst du einen guten Steuerberater / Rechtsanwalt? ... 188
Vor der Gründung ... 190
Die Gründung ... 191
Die Kosten ... 193

Einkommensteuer und Gewerbesteuer ... 193
Die Umsatzsteuer ... 195
Zum Schluss ... 197

Bau dir dein Business auf / Vermeide klassische – auch juristische – Fehler ... 198
Wo bekommst du deine Ideen her? ... 199
Wie bekommst du die PS auf die Straße –
  und wer sollte dich beraten? ... 199
Businessplan und Finanzplan ... 201
Rechtsformwahl und Haftung ... 202
Firmenname ... 204
Umsetzung ... 205
Das Wichtigste in Kürze ... 206

Kenn deine Zahlen! ... 207
Schaff ein einheitliches Verständnis in deinem Team ... 207
Deine Missions-Umsatz-Matrix ... 211
Ressourcenfokussiertes Handeln ... 213
Die Basics im Bereich Controlling ... 214
Gefühl versus Zahlen ... 217

Speaker sind keine Stars ... 218
Das Sprungbrett: 20 Minuten GEDANKENtanken ... 218
Deine Zielgruppe ist wie du ... 220
So kann es gehen ... 222

Gesellschaftliche Verantwortung ... 224

Der Weg an die Spitze ... 226

Aus deren Raum in deinen Raum ... 229

Kollaboration – Wir ist das neue Ich ... 231

Unsere Wall of Fame ... 234

Danke ... 238

Über den Autor ... 241

Einleitung

Willkommen im großen, weiten Ozean und willkommen in einer Industrie, die bereits heute Milliardenumsätze generiert und zukünftig weiter kräftig wachsen wird. Angesichts des dramatischen Wandels auf dem Arbeitsmarkt, wo so ziemlich alles, was wir kennen und als normal empfinden, auf den Prüfstand gestellt wird, gehe ich davon aus, dass in den nächsten Jahren allein im deutschsprachigen Raum mehr als eine Million Trainer, Coaches, Redner und Keynote-Sprecher gebraucht werden.[1]

Tatsächlich? Ist der Markt nicht jetzt schon übersättigt? Von wegen! Der Bedarf ist wirklich so groß und dafür gibt es einige gute Gründe: Wir alle tauchen immer tiefer in die Online-Sphären ein und die Welt wird stetig digitaler. Da braucht es eine Art Gegengewicht – die Menschen lechzen geradezu nach Events, bei denen sie sich und andere wieder fühlen können. Allein in Berlin finden etwa 100 000 Veranstaltungen pro Jahr statt und all diese Events brauchen externe Referenten.

Im Grunde reicht es schon, sich die Entwicklungen der letzten Jahrzehnte mit etwas gesundem Menschenverstand anzuschauen, um sich den hohen Bedarf an »Beratung« im weitesten Sinne zu erklären. Die Veränderungsgeschwindigkeit in allen Bereichen unseres Lebens hat rasant zugenommen; Menschen müssen sich immer wieder umorientieren und viele stellen sich die Frage nach dem »Warum«. Und dafür suchen sie Hilfe von außen. Unternehmen gehen infolge der Digitalisierung durch den größten Umwälzungsprozess der Arbeitswelt seit dem Zweiten Weltkrieg und auch sie brauchen dabei externe Hilfe. Immer mehr Menschen verlassen die großen Glaubensgemeinschaften und sind auf der Suche nach mehr beruflichem und privatem Erfolg. Und wer liefert ihnen das Rezept dafür? Na, du zum Beispiel!

---

1 https://www.selbststaendig.de/geschaeftsideen/mental-coach

Ich muss dich warnen: Die Inhalte dieses Buches sind so ungewöhnlich und scheinbar simpel, dass du dir zwischenzeitlich die Frage stellen wirst: »Ist es wirklich so einfach, als Redner erfolgreich zu sein?« Die Antwort lautet: »Jein«. Der schwierigste Prozess besteht für viele vermutlich darin, alte Denkmuster und Pfade zu verlassen und etwas vollkommen Neues zu lernen.

Vergiss niemals: Am Ende des Tages zählt immer nur eines – das Resultat!

Dieses Buch hat weder den Anspruch auf Vollständigkeit, noch möchte es jede These wissenschaftlich belegen. Es ist ein Praxishandbuch, es speist sich aus 20 Jahren Erfahrung mit mehr als 500 000 Teilnehmenden an über 2 000 Seminartagen. Ich habe bei Veranstaltungen mit zehn Teilnehmenden und in Stadien vor 15 000 Menschen gesprochen. Zunächst war ich Coach, dann wurde ich Trainer, um schließlich als Redner die Menschen zu erreichen. Daraus entwickelte sich meine Passion, als Keynote-Speaker aufzutreten. Heute veranstalten wir – mein großartiges Team und ich – offene Seminare mit Zehntausenden zahlenden Kunden.

Das Geheimnis dieser Industrie ist folgendes: Es gibt nur ein Regulativ – den Markt.

Bist du gut in dem, was du tust? Sind deine Auftragsbücher voll und kannst du dich vor Kunden, die sich mit Anfragen an dich gegenseitig überbieten, kaum retten? Nein? Dann bist du noch nicht spitz genug in den Markt eingestiegen!

Hast du dich von jemandem ausbilden lassen – und ja, es handelt sich um einen Handwerksberuf –, der das hat, was du haben möchtest?

Wirklich verstanden habe ich diese Industrie erst 2014, da ist bei mir der Knoten geplatzt. Dazu möchte ich dir gerne eine kleine Geschichte erzählen: Während eines Seminars für Trainer und Speaker in London lernte ich einen jungen Amerikaner namens Alexander kennen, mit dem ich mich von Anfang an blendend verstand. Wir blödelten herum und er lud mich zum Mittagessen ein. Dabei fragte er mich: »Was verdienst du so mit deinen Trainings und hast du schon große Kunden aufgebaut?« Stolz berichtete ich ihm, dass ich gerade einen neuen Vertrag mit Vapiano unterschrieben hatte und dass Microsoft und Lufthansa zu meinen Referenzen gehörten. »Pro Tag bekomme ich 1 500 Euro und ich bin fast ausgebucht. Und du?« »25 000 Euro«, antwortete mein neuer Bekannter. Begeistert fragte ich ihn: »Im Monat, richtig? Dann verdienen wir ja etwa das Gleiche.« »Am Tag«, entgegnete Alexander mit einem breiten Lächeln.

Dieser Mann hatte den Grand Prize of Innovation gewonnen und war Lichtjahre weiter als ich. Zwischen uns entwickelte sich eine Freundschaft und wir blieben in Kontakt. Während eines Besuches in Baltimore erteilte mir Alexander eine Lebenslektion, die für meine Karriere als Speaker eine große Bedeutung haben sollte. Denn auf eines war ich damals wirklich nicht gefasst: Niemand wollte, dass ich nach oben komme!

Doch zurück nach Baltimore. Eines Tages machten wir einen schönen Strandspaziergang und lauschten dem Rauschen des Meeres, als Alexander mich fragte: »Tobi, möchtest du etwas über Persönlichkeitsentwicklung lernen?« Meine Antwort kam prompt: »Aber natürlich!« »Siehst du das dort hinten?«, fragte Alexander und wies auf einen Gegenstand, der direkt am Wasser stand. »Ja«, sagte ich, als ich den großen schwarzen Eimer entdeckt hatte. »Komm, wir laufen zusammen dorthin.«

Ich war schon sehr gespannt, was Alexander mir zeigen wollte. Zunächst begutachtete ich den Inhalt des Eimers. Darin befanden sich viele große rote Krabben, die versuchten, über den Rand zu klettern. Sie wollten raus aus dem überfüllten und engen Gefäß, in dem sie sich gefangen fühlten. Sie wollten lieber die Weltmeere erkunden. Mit aller Kraft drängten sich die Krabben nach oben. Einige schafften es sogar hinaus. Sie krabbelten direkt zum Ufer, wo das Wasser sie in die langersehnte Freiheit spülte. Aber was war mit den Krabben passiert, die es nicht geschafft hatten? Ich sah, dass einige Tiere leblos in dem Gefäß lagen. Ihre Artgenossen hatten sie so massiv in den Eimer zurückgezogen, dass ihre Scheren dabei abgetrennt wurden und sie sich nicht mehr bewegen konnten.

Was diese Geschichte für dich bedeutet? Der Weg, den du gehst, wird schwierig werden. Das Ziel mag so nah und doch so fern sein. Es werden dir Menschen begegnen, die dir deine Reise erschweren wollen. Aber wenn du es geschafft hast, über den Rand hinauszuschauen, wirst du die Schönheit der Welt erkennen, und dich kann nichts mehr aufhalten.

Dass es mir nicht ums Geldverdienen geht, wirst du bei meinen Live-Auftritten, im Internet und in den sozialen Netzwerken schon mitbekommen haben. Dennoch hörte ich genau zu, was mir Alexander zu sagen hatte. Ich erkannte die Möglichkeit, mit meinem Tun eine noch viel größere Zahl an Menschen zu erreichen.

Noch einmal: Kannst du dir deine Kunden aussuchen? Kannst du die Preise vorgeben und sind deine Seminare Monate im Voraus ausgebucht? Nein? Dann wird dieses Buch dein Leben verändern.

Möglicherweise wirst du dich jetzt fragen, warum ich auf den folgenden Seiten »alle« Geheimnisse des professionellen Sprechens weitergebe. Dafür gibt es zwei Gründe:

1. Im Gegensatz zu den meisten Krabben und zu einigen Kollegen denke ich, dass es in unserer Branche keinen Wettbewerb gibt. Ganz im Gegenteil. Es ist Platz für alle da und der Markt schreit nach Nachwuchs und bewegenden Geschichten. »Teilen und Zusammenarbeiten« ist für mich das neue Haben. Ich bin mir sicher, dass einige stark selbstbezogene Menschen und selbsternannte Platzhirsche mich für diese Offenheit angreifen werden, aber das prallt an mir ab. Als wir mit der »Masterclass of Personality« begonnen haben, haben wir auch niemanden um Erlaubnis gefragt. Mittlerweile haben Zehntausende das Seminar besucht und daraufhin ihr Leben verändert.

2. Da es aus meiner Sicht keinen Wettbewerb gibt, kann ich mein Knowhow ohne Bedenken weitergeben. Wenn du ein Millionenpublikum mit deiner Geschichte erreichen willst, ist dieses Buch ein guter Start. Der nächste Schritt werden tief greifende Erlebnisse sein, durch die du gehen musst, um noch weiter zu wachsen. Kein Buch der Welt ersetzt Erfahrungen. Dafür sind Momente notwendig, die nicht

durch ein Buch gelebt werden können. Bei mir zum Beispiel hat erst eine Outrageous Night – eine Nacht, in der ich sozial inakzeptable Dinge getan habe – dazu geführt, dass ich die Angst, vor Menschen zu sprechen, für immer überwunden habe. Solche Übungen machen wir beispielsweise bei unserem »Speaking Performance Practitioner« und anschließend für die ganz Großen während unseres »Speaking Performance Master«-Seminars.

Dass ich ein großer Fan von Kooperation und Wissensaustausch bin, ist sicherlich klar geworden. Daher habe ich für dieses Buch einige Experten um Gastbeiträge gebeten in Feldern, in denen auch ich mir Rat von außen holen würde. Alles, was es über Gründung, Finanzen, Steuern, Controlling etc. zu wissen gibt, haben diese Fachleute für das Buch praxisnah zusammengefasst.

Fazit: Du hältst mit diesem Buch eine Schritt-für-Schritt-Anleitung in den Händen, einen Werkzeugkasten, gefüllt mit allen Tools, die auch ich für meine Seminare und Reden nutze. Befolge diese Anleitung, greif zu den Werkzeugen und wende sie an, indem du sie auf der Bühne lebst – und alle weiteren Schritte werden kommen.

Alles Gute und viel Erfolg wünscht dir

Tobi

Such dir Vorbilder. Komm in deine Rolle

Wenn ich an meine persönliche und berufliche Entwicklung denke, kommen mir sofort einige Menschen in den Sinn, die mich durch ihre ganz spezielle Art gefordert, gefördert, unterstützt oder auch durch ihre konstruktive Kritik beflügelt haben – ganz besondere Menschen eben. Ohne sie wäre ich nicht da, wo ich heute bin. Deswegen erzähle ich gerne davon, wie es zu diesen wunderbaren Begegnungen kam. Und dann bist du dran!

Die Begegnung mit meinen Mentoren

Ich weiß ja nicht, wie es bei dir ist. Ich habe jedenfalls manchmal den Eindruck, das Universum (oder woran auch immer du glauben magst) versucht uns sehr oft mit der Nase auf Dinge zu stoßen, damit wir endlich aufwachen und verstehen, dass etwas ganz Großes in uns schlummert. Und dafür braucht es oft die erwähnten besonderen Menschen.

Der Kinderarzt, zu dem meine Mutter mit mir ging, gehört für mich auf jeden Fall zu dieser Spezies und er hat deswegen einen festen Platz in meinem Herzen bekommen. Und das ging so: Nach meinem vierten Schulwechsel saßen meine Eltern und ich vollkommen verzweifelt im Sprechzimmer dieses Arztes; ich erinnere mich noch genau an die Worte meiner Mutter: »Ich bin selbst Lehrerin und weiß nicht mehr, was wir mit ihm machen sollen.« Der Arzt unterhielt sich daraufhin mit mir über Gott und die Welt und sagte mit dem Blick auf mein Zeugnis lächelnd zu meiner Mutter: »Physiker wird er wahrscheinlich nicht, aber haben Sie Ihrem Sohn schon mal in Ruhe zugehört?« Nach einigen Tests meinte er dann: »Reden kann er! Ihr Sohn hat ungefähr den doppelten Wortschatz eines durchschnittlichen Kindes in seinem Alter. Machen Sie sich keine Sorgen, Frau Beck.« In der Schule hat mir das zwar nicht geholfen, aber die Worte dieses Arztes hallen noch immer in mir nach.

Mit acht Jahren war ich gemeinsam mit meinen Eltern in einem Ferienresort auf der griechischen Insel Kos. Dort gab es einen Kinderklub, wo wir für das abendliche Programm im Theater etwas einstudieren durften. Der zuständige Animateur fragte mich, was ich denn besonders gut könne. Ich sagte ihm, dass ich das nicht so genau wisse, in der Schule jedenfalls sei ich sehr schlecht. Er sah mich an und fragte, was mir denn nach dem Unterricht Freude bereiten würde. Am liebsten imitierte ich damals Komiker, die ich mir auf dem Kassettenrekorder in meinem Kinderzimmer stundenlang anhörte, bis ich sie bis ins kleinste Detail nachmachen konnte. »Mach doch mal vor«, forderte der Klubmitarbeiter mich auf, und ich begann zu erzählen. Nach wenigen Minuten standen alle Animateure des Klubs und der Chef des Resorts um mich herum und ich höre noch heute seine Worte: »Er macht die Show morgen alleine.« Am nächsten Abend saß ich also vor 500 Menschen und erzählte eine Stunde lang Witze, bis den Zuschauern die Tränen herunterliefen vor Lachen.

In der zwölften Klasse besuchte ich einen recht besonderen Literaturkurs. Unser Lehrer war Theaterschauspieler und fragte uns, ob wir Lust hätten, selbst etwas zu kreieren, anstatt nur Bücher zu wälzen. Zu diesem Zeitpunkt war ich von Selbstzweifeln zerfressen und hatte überhaupt keinen Plan, was ich mal mit meinem Leben anfangen sollte. Doch von diesem Moment an hatte ich zum ersten Mal Spaß an einem Unterrichtsfach. Voller Begeisterung warf ich mich in die Inszenierung des Theaterstücks »Linie S8«, in dem es – angelehnt an das berühmte Musical »Linie 1« – um verschiedene Charaktere geht, die in der Wuppertaler Schwebebahn aufeinandertreffen. Ich übernahm die Rolle eines alten Mannes, der einem jungen Mädchen singend von seinem Leben erzählt. Auch nach der Generalprobe wurde noch an meiner Rolle herumgefeilt, weil immer wieder irgendwas nicht stimmte und ich mich auch mit dem Auswendiglernen des Textes sehr schwertat. Am Premierenabend stand ich – seit Tagen von Durchfall geplagt – zitternd hinter der Bühne und musste mich vor Aufregung mehrfach übergeben.

Der Vorhang öffnete sich, und zum ersten Mal in meinem Leben ließ ich meinen Emotionen vor anderen freien Lauf. Ich spielte den alten Mann nicht, ich wurde zu ihm, atmete wie er und fühlte wie er. Noch heute sehe ich die Zuschauer vor mir, die Tränen der Ergriffenheit in den Augen hatten. Zurück hinter der Bühne legte mein Lehrer mir die Hände auf die Schultern und sah mir tief in die Augen: »Tobi, du hast die Menschen berührt. Das kann nicht jeder. Du hältst ein riesiges Geschenk in deinen Händen.« Damals wusste ich allerdings noch nicht, was ich damit anfangen sollte.

Hier habe ich noch eine kleine Überraschung für dich: Gib einfach folgende Adresse in deinen Browser ein und lach los.

https://www.tobias-beck.com/buecher/die-rede-deines-lebens/linksammlung/

Mit 19 Jahren saß ich in meinem ersten Seminar für Persönlichkeitsentwicklung in den USA in der letzten Reihe. Während die Halle bebte, verschränkte ich die Arme vor der Brust und wollte am liebsten wieder nach Hause fahren. So viel Geld hatte ich bezahlt, um den Autor eines der ersten Bücher, das ich jemals gelesen hatte, live zu sehen: Anthony Robbins heizte der Menge ein und sprach über Dinge, von denen ich weder in der Schule noch an der Universität, an der ich seit ein paar Monaten Psychologie studierte, jemals gehört hatte. Er sprach davon, dass jeder Mensch eine Begabung hat und wir lernen müssten, auf unser inneres Navigationssystem – unsere Intuition – zu hören. Nach mehreren Übungsrunden sollten wir versuchen, unsere Zukunft zu imaginieren, und der Mann neben mir fragte mich nach meiner Vision. »Eines Tages möchte ich so etwas wie Tony in Deutschland machen. Aber nicht genau wie er, sondern mit meiner eigenen Note.« »Good luck«, antwortete mein Übungspartner. Das ist nun 21 Jahre her.

Sieben Jahre später stand ich, wieder in den USA, dekorativ auf einer Gartenparty herum. Aber nicht auf irgendeiner Party! Der Gastgeber war der für mich damals begnadetste Redner aller Zeiten: George Zalucki. Zu der Zeit hatte ich gerade die ersten Erfolge im Vertrieb und war als Incentive bei ihm zu Hause eingeladen. Ich fuhr weltweit zu allen Veranstaltungen, bei denen dieser Mann auftrat, der Herzen öffnen konnte und Menschen auf eine Weise wachrüttelte, als gäbe es kein Morgen.

Und nun stand mein Idol plötzlich vor mir. »Du schon wieder, ich sehe dich überall, wo ich auftrete«, sprach er mich an. »Ich bin Ihr größter Fan«, stotterte ich und bat ihn, eine Frage stellen zu dürfen. Er nickte mir zu und ich stammelte: »Wie kann ich so ein Speaker werden, wie Sie es sind?« George Zaluckis Antwort werde ich nie vergessen:

»Du brauchst nur eine gute Rede und ein Programm. Das übst du mindestens 1 000 Mal, bis es perfekt ist. Schon bist du Millionär.« Ich hielt mich an seinen Rat und übte mein Bühnenprogramm »Die vier tierischen Menschentypen« Tag für Tag zig Male. Wie das Programm letztendlich entstanden ist, erzähle ich dir in einem späteren Kapitel.

Auch George kannst du dir hier ganz in Ruhe anschauen:

https://georgezalucki.com/

Sein Tipp war sicherlich wegweisend für mein Leben. Doch der Mentor, der meine Trainerkarriere von Grund auf verändert hat, heißt T. Harv Eker. Bis Juli 2012 wusste ich nicht, dass es Programme gibt, bei denen Trainer wie ich ordentlich in die Diamantenschleifmaschine gesteckt werden. (Für diejenigen, die es noch nicht wissen: Um zum Diamanten zu werden und nicht im Ameisenstatus zu verharren, brauchen wir Superstars, die uns fordern – und schleifen.) Ich saß also, vollkommen gebannt von seiner Art, mit dem Publikum umzugehen, neben meiner Frau Rita in München bei Ekers Veranstaltung. Als er am Ende ein Ausbildungsprogramm vorstellte, das er persönlich betreute, sprang ich ohne zu zögern auf und rannte mit meiner Kreditkarte zu dem Stand, an dem man den Deal abschließen konnte. Und damit begann die Achterbahnfahrt meines Lebens. Zigtausend Euro und ein Seminar später war ich sicher, die richtige Entscheidung getroffen zu haben. Diese Investition hatte sich absolut gelohnt.

Ich möchte hier eines ganz klar betonen: Der einzige für mich nachvollziehbare Grund für das enorme Wachstum unseres Unternehmens liegt aus meiner Sicht darin, dass ich bei den besten Lehrmeistern der Welt in die Ausbildung gegangen bin. Und ich habe das zu einem Zeitpunkt getan, als ich schon als Trainer am Markt etabliert war. Insgesamt habe ich bis heute mehr als 250 000 Euro in meine Weiterbildung investiert und deshalb stehe ich nun auf den größten Bühnen im deutschsprachigen Raum und trete in Stadien auf. Neben den Schnelllerntechniken, auch Superlearning genannt, über die ich später noch ausführlich spreche, habe ich mir vor allem Kenntnisse darüber angeeignet, wie Marketing, Pricing und Positionierung funktionieren.

Das für mich prägendste Statement, das mich zunächst vollkommen aus der Bahn geworfen und dann wachgerüttelt hat, habe ich 2014 auf der thailändischen Insel Phuket gehört. Dort sollte ich nach zweijähriger Ausbildung eine Bilanz ziehen – ich sollte meinem Meister schildern, was ich machte und wohin mein Weg führte. Völlig begeistert erzählte ich ihm, wie es mir durch die Übungen und Techniken aus den Kursen gelungen war, meinen Tagessatz als Trainer von 1 500 auf 4 500 Euro zu steigern. Ich war komplett ausgebucht und konnte zu diesem Zeitpunkt keine weiteren Kunden annehmen.

Was nun kam, zog mir den Boden unter den Füßen weg:

»Das ist ja süß! Du tingelst als Trainer von Firma zu Firma und vergeudest dein Potenzial, die Welt zu verändern? Wo sind denn deine öffentlichen Seminare, deine Bücher, dein Podcast? Und hast du endlich ein Team aufgebaut? Hast du Arbeitsplätze geschaffen und deine Konzepte an andere Trainer als Lizenzmodell weitergegeben? Welche Projekte unterstützt du und was tust du für die Gesellschaft? Du bist so faul, Tobias, und komplett in deiner Komfortzone. Wann fängst du endlich an, dein Potenzial zu leben? Es steckt so viel mehr in dir!«

Das hatte gesessen. Der Raum um mich herum drehte sich, ich schnappte nach Luft und Tränen liefen mir übers Gesicht. Wie konnte sich jemand anmaßen, so mit mir zu sprechen? Wie konnte jemand nicht anerkennen, wie hart ich gearbeitet hatte? Oder hatte er etwa recht? Schöpfte ich meine Möglichkeiten nicht komplett aus? Hatte ich mich auf Etappenerfolgen ausgeruht und übersehen, dass da noch reichlich Luft nach oben war?

Das war mein »Wake-up Call«! Ich bin bis heute dankbar für diese Ansage, denn nur unter extremem Druck entsteht etwas Neues. Ich fuhr nach Hause, rief meine heutigen Headcoaches Yvonne Schönau und Christian Gaertner an und wir machten uns an die Arbeit.

Nur weil es diese riesige Herausforderung gab – und weil ich fest an mich selbst glaubte –, sind wir so weit gekommen. Nur deshalb konnten wir bereits Zehntausende auf unseren öffentlichen Seminaren schulen, die alle – einschließlich des Marketings – erst in den letzten zwei Jahren aus dem Nichts entstanden sind. Warum ich dir das sage? Weil du das auch kannst und ich ganz fest an dich glaube. Und deswegen lasse ich dich jetzt kurz an diesem rasanten Wachstum teilhaben.

All das Folgende hätte es ohne diese Lebenslektion durch den Meister nicht gegeben:

- Unbox your Life! – Das Buch wurde zum Focus- und Amazon-Bestseller und öffnete mir die Tür zu den traditionellen Medien.

So wurde beispielsweise in der Wirtschaftswoche, in Fit for Fun und in der Bild-Zeitung berichtet.

VERBANNEN SIE NEGATIVE MENSCHEN AUS IHREM LEBEN!

Kennen Sie auch Menschen, die ständig schlechte Laune haben – und diese nur zu gerne mit Ihnen teilen? Herzlichen Glückwünsch, dann haben Sie „Bewohner" in Ihrem Leben, wie Speaker Tobias Beck diese negativen Personen nennt.

SCHREIBT BILD.DE

Motivationspsychologe gibt Tipps, in: Bild.de (12.02.2019 – 12:07 Uhr). **Link:** www.bild.de/bild-plus/lifestyle/2019/lifestyle/negativen-menschen-ein-experte-verraet-wie-man-sie-los-wird-60075612.view=conversionToLogin.bild.html, (abgerufen am **30.09.2019**)

WIR MACHEN EDUTAINMENT. DAS IST EINE NEUE, MODERNE ART DES LERNENS.

SCHREIBT DIE WIRTSCHAFTSWOCHE

Handelsblatt Media Group GmbH & Co. KG: Wir machen Edutainment, in: Wirtschaftswoche (22.03.2019), Ausgabe 13, Seite 90 ff.

Such dir Vorbilder. Komm in deine Rolle

ZIELE SETZEN: WARUM GUTE VORSÄTZE OFT SCHEITERN

Ein paar Monate nach Neujahr sind die meisten Vorsätze schon geplatzt. Denn: Wer sich zu viel vornimmt, überfordert das Gehirn. Tobias Beck, Bestsellerautor und Motivationsspeaker, verrät dir, wie du deine Ziele besser erreichst.

SCHREIBT FIT FOR FUN

Quelle: Madfly, Ziele setzen: Warum gute Vorsätze oft scheitern, in: fitforfun.de, 07.03.2017, Link: www.fitforfun.de/gesundheit/ziele-setzen-warum-deine-vorsaetze-scheitern_340713.html, abgerufen am 30.09.2019.

- Unbox your Relationship! – das Buch über Beziehungen und Menschentypen stand sofort auf der Spiegel-Bestsellerliste.

© Patrick Reymann

- »Unbox your Life!«-Tour mit über 15 000 Gästen im ersten und 50 000 im zweiten Jahr. Den Link zum Trailer findest du auch unter: https://www.tobias-beck.com/buecher/die-rede-deines-lebens/linksammlung/

- »Masterclass of Personality« – unser Tagesseminar zur Persönlichkeitsentwicklung, das bereits mehr als 20 000 Menschen besucht haben

- »Speaking Performance Starter«
  https://www.tobias-beck.com/speaking-performance/starter/

- »Speaking Performance Practitioner« mit über 1 000 begeisterten Absolventen
  https://www.tobias-beck.com/speaking-performance/practitioner/

- »Speaking Performance Master« der viertägige Kurs für professionelle Speaker
  https://www.tobias-beck.com/speaking-performance/master/

- Tobias Beck Podcast – mit mehr als 24 Millionen Downloads, der auch im Unterhaltungsprogramm der Lufthansa läuft

- Die Tobias Beck Crew – über 150 Menschen, die unsere Teilnehmer bei ihrem persönlichen Wachstum begleiten

- »Masterclass for YoungStars« – kostenloses Tagesseminar für Jugendliche von 12 bis 15 Jahren

- Xperience International GmbH – die weltweite Plattform für Persönlichkeitsentwicklung

Auch meinen Mentor T. Harv Eker durfte ich für den Podcast interviewen; die Episode findest du hier:

- https://www.tobias-beck.com/buecher/die-rede-deines-lebens/linksammlung/

Ich habe dir in diesem Kapitel erzählt, wie wichtig in meinem Leben Menschen waren, die mir entscheidende und oft unbequeme Impulse gegeben haben. Ich habe mich davon nicht entmutigen, sondern anspornen lassen. Ich habe mir Menschen gesucht, die da waren, wo ich hinwollte, die beruflich viel weiter und von ihrer Persönlichkeit her viel »größer« waren. Das war schmerzhaft. Aber sehr wirksam. Eines habe ich nie vergessen und das solltest du auch nicht tun: Wenn du in einer Runde die erfolgreichste Person bist, bist du in der falschen Gesellschaft. Und da kommen die Mentoren ins Spiel. Aber das weißt du ja nun, oder?

Die »Das Publikum ist der Star«-Ethik

Bevor wir tief in die geheimen Techniken der Top-Speaker eintauchen, möchte ich dich bitten, einmal genau in dich hineinzuhorchen.

Wenn du auf der Bühne stehst, trägst du eine immense Verantwortung für andere Menschen und alle Augen sind auf dich gerichtet. Du wirst automatisch zum Leader der Gruppe und die Menschen im Publikum sind von deiner Glaubwürdigkeit überzeugt. Damit das so bleibt, solltest du dich an ein paar simple Grundsätze halten. Sprich nur über Themen, mit denen du dich hundertprozentig auskennst. Geh immer davon aus, dass Menschen dir vertrauen und deine Ratschläge ernst nehmen. Es wird dir nach der Lektüre dieses Buches und nach dem Besuch passender Seminare sehr schnell gelingen, ganz selbstverständlich auf der Bühne zu stehen, sehr viel Geld zu verdienen und an Einfluss zu gewinnen. Gleichzeitig wirst du Folgendes feststellen:

- Viele Menschen wollen plötzlich mit dir Geschäfte machen und bieten dir im Gegenzug dafür alles Mögliche an.
- Manche Menschen wollen Fotos mit dir machen.
- Andere treten mit ihren Sorgen und Nöten an dich heran.
- Menschen machen dir Geschenke.
- Viele loben dich und du erhältst kein kritisches Feedback mehr.

Da kann es schnell passieren, dass du die Bodenhaftung verlierst und plötzlich denkst, du wärst ein Superstar. Aber eines musst du immer beachten: Es geht niemals um dich, sondern immer nur um die Menschen im Raum. Du wirst von der ersten Sekunde an, in der du am Veranstaltungsort ankommst, von allen Seiten beobachtet. Halte unbedingt einen guten Kontakt zu den Menschen in deinem Umfeld, die dir ein offenes und kritisches Feedback zu deiner Person geben. In meinem Unternehmen haben wir nach jeder Veranstaltung eine ausgiebige Feedbackrunde und da bin ich nicht der Boss, sondern nehme aufgrund unserer großen Vision an, was mein Team mir spiegelt. Doch was ist damit gemeint?

Unsere große Vision

Hinter der Tobias Beck Academy steckt ein starkes Team voller Herz und Verstand. Gemeinsam arbeiten wir mit Leidenschaft, Spaß und Erfolg an unserer Vision. Wir geben Menschen eine Bühne, verstreuen Konfetti und begleiten persönliche, sowie berufliche Wachstumsprozesse. Kurz gesagt: Das Spezialgebiet der Tobias Beck Academy ist HUMAN EMPOWERMENT & SPEAKING. Mit unserer Arbeit haben wir bereits Tausende von Menschen in ihre Verantwortung gebracht, erfolgreiche Leader und Speaker kreiert, zahlreiche Augen geöffnet und das ein oder andere innere Feuer zum Brennen gebracht. Du fragst Dich, wie wir das schaffen? Ganz einfach: Mit unvergesslichen Events, Online-Trainings, Seminaren und Coachings. Zusätzlich nutzen wir Publikationen wie Bücher und Podcasts, um all die Menschen da draußen zu inspirieren.

Ab sofort geht es auch bei dir niemals mehr um dich, sondern immer um die Menschen, die vor dir sitzen. Dann kommt dein Team, und erst ganz am Ende kommst du.

Auch zu Hause und in deinem Freundes- und Bekanntenkreis wird es Menschen geben, die mit deinem Erfolg nur schwer umgehen können. Plötzlich stehen Fans vor deiner Tür und wollen Autogramme haben und in der Stadt wirst du andauernd angesprochen. All dessen solltest du dir bewusst sein, bevor du den großen Sprung wagst.

Lerne, dich von Beginn an zurückzunehmen. Denn es gibt aus meiner Sicht nur einen Punkt, der deiner Karriere ein schnelles Ende bereiten kann: dein Ego.

Das Schlimmste ist, wenn sich ein Speaker plötzlich nicht mehr daran erinnern kann, warum er irgendwann mal begonnen hat, auf die Bühne zu gehen. Das sollte dir nicht passieren. Vergiss nie: Es geht in diesem Job nicht darum, dein Ego zu befriedigen, sondern darum, anderen Menschen etwas zu geben.

Ich möchte gerne ein Erlebnis mit dir teilen, das mich damals vollkommen schockiert hat. Ich reise mit dem Zug zu einer Veranstaltung, für die man mich gebucht hatte. Bereits am Bahnhof wurde mir mitgeteilt, dass der Veranstalter keine Selfies mit den Teilnehmenden wünschte, weil er sich etwas ganz Besonderes ausgedacht hatte. In der Halle schirmte man mich sofort ab und führte mich in einen Raum, in dem Menschen 5 Euro zahlen sollten, um entweder mit mir oder mit dem Veranstalter fotografiert zu werden. Ich war fassungslos und drohte, das Event sofort zu verlassen.

Ich bin kein Star, ich bin Tobi aus Wuppertal, der als Flugbegleiter gelernt hat zu dienen.

Gott sei Dank hatte ich einen Vertrag, der es mir erlaubte, den Raum zu verlassen und mich unter die Leute zu mischen. Ein Satz, der mir sehr geholfen hat, immer auf dem Boden zu bleiben, lautet: »All leaders are teachers, but not all teachers are leaders.«

Alle Menschen, die Verantwortung für die Gesellschaft übernehmen, beginnen irgendwann damit, ihr Können an andere weiterzugeben. Führung bedeutet in meiner Welt, anderen Menschen Platz zu machen, sich selbst zurückzunehmen und so viele Leben wie möglich zu bereichern.

Hier kommt ein Mantra, das ich mir vor jedem Auftritt laut vorsage:

- Ich biete Mehrwert für andere.
- Ich nehme mich zurück und gebe anderen Raum zu wachsen.
- Ich spreche aus meinem Herzen, mit Überzeugung und Zuversicht.
- Ich entfalte in Menschen ihr volles Potenzial.
- Ich halte den Rahmen und die Energie.
- Ich mache die Welt zu einem besseren Ort.
- Ich labere nicht, ich mache.
- Ich bin ein Weltklasse-Trainer/-Speaker.

Natürlich kann das für dich nur eine Anregung sein; jeder muss für sich persönlich sein eigenes Mantra entwickeln. Die folgende »Speaker's Declaration« liefert dafür eine Art Grundgerüst.

SPEAKER'S DECLARATION

TOBIAS BECK® ACADEMY

- Ich bin ein Weltklasse-Leader.
- Ich spreche von Herzen, mit Überzeugung und Zuversicht.
- Ich motiviere Menschen und mache sie zu Superstars.
- Ich biete außergewöhnlichen Mehrwert.
- Ich habe unbegrenzte Fähigkeiten.
- Ich übernehme Verantwortung.
- Ich mache die Welt zu einem besseren Ort.
- Ich lasse mir von niemanden in meine Tasse pissen.
- Ich labere nicht, ich mache.
- Was ich zu sagen habe, ist wichtig.
- Meine Zeit ist gekommen.
- Ich bin bereit, ALLES zu geben - OH YES!

Celebrity Twin

Bevor ich dir Schritt für Schritt das nötige Werkzeug für deine Karriere als Speaker an die Hand gebe, möchte ich dir die wohl effektivste Übung für professionelles Sprechen ans Herz legen: Finde einen »Celebrity Twin«. Das sollte jemand sein, der schon berühmt ist, der auf Bühnen steht, jemand, mit dem du dich vollkommen identifizieren kannst und dessen Werte du teilst. Diese Person wird vermutlich auch ein Vorbild für dich sein.

Zunächst wirst du alle Reden deines berühmten Zwillings bis ins kleinste Detail auseinandernehmen und studieren. Lerne, dich so zu bewegen, so zu sprechen, so zu atmen und so zu fühlen wie diese Person. Aber was ist der Sinn dieser Übung?

Wenn du dich so intensiv mit diesem Menschen beschäftigst, wird die Chance, dass du ähnliche Resultate erzielst wie er, sehr groß sein. Aber Achtung: Du sollst weder zu dieser Person werden, noch deine Persönlichkeit aufgeben!

Während du den Habitus deines großen Idols übst, bedienst du dich des psychologischen Phänomens »Lernen am Modell«, das dir eine kognitive Umprogrammierung ermöglicht. Die Ergebnisse sind wirklich beeindruckend.

Mein größtes Vorbild ist Les Brown. Wenn man mich nachts wecken und auffordern würde, einen x-beliebigen seiner Auftritte rückwärts aufzusagen, wäre ich dazu imstande. Niemals würde ich seine Inhalte kopieren. Doch die Aussage »Du musst hungrig sein« habe ich in meine Reden übernommen, weil ich sie für absolut zentral halte. Wer seiner Berufung folgt – und die lautet in der Regel »Ich möchte auf die größten Bühnen der Welt kommen« –, sollte sehr hungrig sein. Ich lade dich ein, dir die größten Redner der Welt anzuschauen und jene genau zu studieren, die dich am meisten inspirieren.

Nähere dich diesen Menschen so weit wie möglich an und versuche zu fühlen, was sie fühlten, als sie ihre wertvollen Worte auf den Bühnen der Welt aussprachen. Alle Superstars in unserer Branche haben eins gemeinsam: Sie können Emotionen auf andere Menschen übertragen.

https://www.tobias-beck.com/buecher/die-rede-deines-lebens/linksammlung/

Florian Silbereisen kann nicht singen?

Verabschiede dich von der Illusion, dass andere Menschen besser sind als du. Deine Meinung und dein Thema sind wichtig und haben es verdient, auf die Bühne gebracht zu werden. Deinem Gehirn werden bestimmt spontan 1 000 Gründe einfallen, warum du dich mit deinen Inhalten zurücknehmen solltest. Doch wer würde wohl dann die Bühnen bespielen, die eigentlich dir gehören? Andere, die nicht halb so gut sind wie du. Das könnte sehr ärgerlich für dich sein.

Was du gegen dieses Zögern und diese Unsicherheit tun kannst? Du musst die Mauern deiner Angst niederreißen – der Angst, nicht genug zu sein, und der Angst, von anderen bewertet zu werden. Das geht jedoch nur, wenn dein Warum, also dein brennendes Verlangen, deine Geschichte zu erzählen oder dein Thema nach vorne zu bringen, größer ist als deine Angst. Du hast doch bestimmt schon öfter bei Veranstaltungen im Publikum gesessen und dir gedacht: »Was der da vorne kann, das kann ich auch!«, oder?

Beende die Ära der Kneipenfachgespräche und der Lästerrunden, bei denen Millionen Menschen die Leistung der Fußballnationalmannschaft kommentieren und alles besser wissen oder sich über die Lebensweisen anderer das Maul zerreißen. Geh lieber selbst auf den Platz und zeig es allen. Wenn du besser weißt, wie Politik funktioniert, dann lass dich wählen und verändere das System von innen. Wenn du zu wissen glaubst, was anderen Menschen in ihrem Leben fehlt, dann geh lieber mit gutem Beispiel voran und unterstütze sie dabei, auch in ihre Kraft zu kommen, anstatt deine Energie an sinnloses Bewerten zu verschwenden.

Die Zeit des leeren Redens ist für dich vorbei, ab heute bist du ein Macher!

Die Volksmusik, eine Industrie, in der es um Milliardenumsätze geht, hat das verstanden und sich sehr clever positioniert. Ob du glaubst, dass Florian Silbereisen singen kann (oder eben nicht) und dass er das viele Geld, das er verdient, auch verdient hat, interessiert niemanden.

Warum? Weil seine Resultate für ihn sprechen! Er hat sein Thema gefunden und verkörpert es hundertprozentig. Und er kennt die Werkzeuge, die er braucht, um es zu transportieren.

Frag dich also zunächst ernsthaft: Was ist dein Thema?

Zu Beginn dieses Buches habe ich dir erzählt, wie oft das Leben versucht hat, mich in die richtige Richtung zu stoßen. Trotz dieser Starthilfe aus dem Universum hat es seine Zeit gebraucht, bis ich genau formulieren konnte, was mein Thema ist. Dieser Prozess kann Tage oder sogar Wochen dauern. Folgende Fragen können dich bei der Suche nach deinem Thema unterstützen:

- Was hast du als Kind und Jugendlicher gerne nach der Schule gemacht?
- Was kannst du intuitiv so gut, dass andere Menschen dich fragen: »Wie machst du das nur?«?
- Wofür bewundern dich andere?
- Für welche Themen hast du dich schon immer interessiert?
- Wenn Geld keine Rolle spielen würde, was würdest du dann tun?
- Bei welchen Aufgaben kommst du in den Flow und vergisst die Zeit?
- Für was stehst du?
- Für was stehst du nicht?
- Was kannst du nicht mehr akzeptieren?
- Was treibt dir vor lauter Begeisterung die Tränen in die Augen?
- Was ist deine Passion?
- Was ist dein Traum?

Ich möchte dir ein Beispiel geben: In einem meiner Kurse fragte ich einen jungen Mann, was seine Lebenspassion ist. Von seiner Antwort war ich gleichermaßen überrascht und fasziniert. Mit absoluter Begeisterung und sehr gerührt erzählte er uns, dass er schon seit seiner Kindheit

Fischzüchter werden wollte. Er hatte dafür alle Hebel in Bewegung gesetzt – und glaube mir, du würdest Gänsehaut bekommen, wenn du hören könntest, wie er von seiner Leidenschaft sprach.

Es ist also vollkommen egal, was deine Passion ist, denn es gibt für wirklich alles einen Markt. Aus meinem Kurs »Speaking Performance Master« haben unter anderem folgende Menschen ihr Thema erfolgreich am Markt platziert:

- Nina Schnitzenbaumer
- Mareike Awe
- Ludger Quante
- Beate Glöser,
- João Heep
- Papaundpapi
- Daniel Aminati
- Miriam Höller

Zeichne hier den Verlauf deines Lebens wie einen Aktienkurs ein und markier die Highlights.

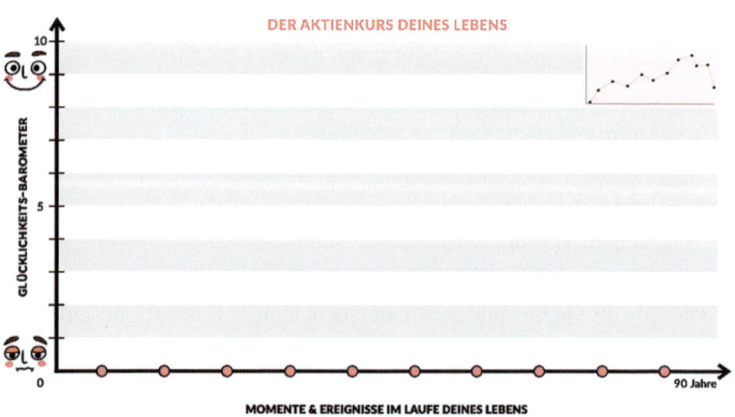

Florian Silbereisen kann nicht singen?

Trag hier ein, welches Thema du auf die Bühne bringen willst, und finde dafür einen richtig schönen, sexy Titel:

_____

_____
_____
_____
_____
_____
_____
_____
_____
_____
_____
_____
_____
_____

Steh für etwas:
YOU ARE THE VOICE!

Alle großen Sprecher und Trainer, die sich von der Masse der Erfolglosen unterscheiden, haben eines gemeinsam. Sie stehen für etwas!

Um ehrlich zu sein: Ich selbst wusste sehr lange gar nicht so genau, was genau mein Ding ist, und es hat viele Jahre gedauert, um das Modell der vier Menschentypen groß rauszubringen. Du musst dich also bei dieser Frage nicht verrückt machen. Genau dein Thema zu finden, das dann auch noch vom Markt angenommen wird, ist ein Prozess.

Es gibt für wirklich alles einen Markt und egal, ob du dich in der Nische oder in der Masse positionieren willst, du musst dir am Anfang dieses Prozesses nur eine Frage stellen: »Für welches Thema brenne ich?«

Für mich zum Beispiel hat sich keiner meiner mehr als 2 000 Tage auf der Bühne jemals wie Arbeit angefühlt. Sobald ich über meine Modelle rede, bin ich wie angeknipst.

Wenn du dein Thema gefunden hast, wird deine Begeisterung Wellen schlagen, auf andere Menschen überschwappen, und langsam, aber sicher werden deine Inhalte in den Sprachgebrauch deiner Teilnehmenden übergehen. So ist es auch bei dem Modell mit den vier Menschentypen gewesen. Menschen haben irgendwann begonnen, eine Community aufzubauen und plötzlich sind die Tierbegriffe »Eule, Delfin, Wal und Hai« zu einer Marke geworden, da sich andere damit identifizieren können.

Bevor das geschah, bin ich allerdings mit einigen Formaten baden gegangen:

- Gasse Freunde
- Das wird mein Jahr
- Stage of Success
- *Bewohnerfrei*®

Ich habe sogar Magnete für mein Auto anfertigen lassen und es immer werbewirksam in der Hauptstraße geparkt. Rate mal, wie viele Menschen sich dafür interessiert haben? Null!

Und nun geht es um dich. Erstelle zunächst eine Liste von Dingen (Eigenschaften, Stärken, Ideen etc.), die dich von anderen unterscheiden. Sie soll dir dabei helfen, dich zu positionieren.

Beantworte dafür zum Beispiel folgende Fragen:

- Welche besonderen Eigenschaften hast du?
- Welche besonderen Merkmale hat dein Programm?
- Welche einprägsamen Begriffe benutzt du?
- Was kannst du besser als andere?
- Was macht dich unverwechselbar?

Rahmen

Schauen wir uns nun deinen Arbeitsbereich etwas genauer an. Egal ob Seminar, Workshop oder Riesenveranstaltung: Es gibt Events, nach denen die Teilnehmenden mit einem lauwarmen Gefühl nach Hause gehen (»Das war ja schön und gut, aber …«) oder gar entnervt sind (»Puh, war das langweilig!«). Ich vermute, dass dir das auch schon passiert ist und auch ich habe solche Events besucht beziehungsweise über mich ergehen lassen. Doch dann gibt es auch die Highlights, die begeistern, etwas auslösen, etwas in Bewegung bringen und deswegen ewig in Erinnerung bleiben.

Dass die Events so unterschiedlich ankommen, liegt nicht zuletzt daran, was ich den »Rahmen« nenne – also alles, was nicht der pure Inhalt deiner Veranstaltung ist. Warum der Rahmen eine so wichtige Rolle spielt und was ihn ausmacht, möchte ich nun mit dir gemeinsam anschauen.

Rahmen wichtiger als der Inhalt?

Um der Sache (Top oder Flop?) auf die Spur zu kommen, habe ich mich auf der ganzen Welt umgeschaut, geleitet von der Frage, was die wirklich großen Trainer und Speaker anders machen als die breite Masse. Meine Reisen führten mich unter anderem in die USA, nach Singapur und nach Malaysia.

Schließlich entschlüsselte ich das Geheimnis: Es lautet »Rahmen und Inhalt in magischer Kombination« und ist womöglich der zentrale Punkt, den du bei der Konzeption der wichtigsten Rede deines Lebens berücksichtigen musst. Achtung: In der Schule wurde dir wahrscheinlich das Gegenteil von dem beigebracht, was jetzt folgt, und es könnte sein, dass du deshalb nun ungläubig mit dem Kopf schüttelst und sagst: »Nein, man muss Informationen auswendig lernen und wiedergeben.«

Jetzt frage ich dich: Ist der Inhalt wichtiger als der Rahmen? In der Schule, während der Ausbildung oder an der Uni mag das so gewesen sein. Doch für das, was du vorhast, solltest du diese Form der Konditionierung hinter dir lassen. Und eins kann ich dir versprechen: Wenn du diesen wichtigen Punkt richtig lernst und perfektionierst, machst du ab morgen den Unterschied und musst dich nicht mehr um Aufträge sorgen.

Eine kleine Übung zum Warmwerden: Nimm dein Handy und frag deinen Voice-Assistenten, wie lang die chinesische Mauer ist. Die Antwort kommt nach etwa zwei Sekunden. Und wahrscheinlich wird der kleine Mann im Smartphone dir antworten, dass die Mauer 21.196.180 Meter lang ist.

Was ich damit sagen will: So gut wie alle Informationen sind heute online verfügbar. Jeder hat Zugriff auf jegliche Fakten, und das Wissen der Welt verdoppelt sich in immer kürzeren Abständen, 2013 war es bereits etwa alle 700 Tage.[2] Willst du in diesen Wettbewerb der puren Faktenvermittlung wirklich eintreten? Möchtest du es riskieren, dass deine Zuhörer nach deinem Auftritt sagen »Der Vortag war … ääähm … interessant …« und dabei hinter vorgehaltener Hand gähnen? Oder möchtest du, dass demnächst etwas Ähnliches wie das hier auf deiner Website steht:

»Tobias Beck elektrisiert. Wenn er die Bühne betritt, dann weißt Du sofort: ›Die Show geht los!‹ Charmant, belesen und voller Begeisterung schafft es Tobias wie nur ganz wenige in der Branche, alle Teilnehmer abzuholen. Tobias ist ein Mensch, der den absoluten Unterschied in den Leben der Menschen ausmacht! Großes Kompliment!«
(Dies ist das Feedback eines großen Players, nachzulesen auf meiner Website unter www.tobias-beck.com.)

Du willst auch, dass die Menschen nach deinem Event mit einem absoluten Wow-Gefühl nach Hause gehen? Dann solltest du folgende Regel beachten: Der Rahmen ist wichtiger als der Inhalt.

---

2 https://www.ibusiness.de/aktuell/db/059945jg.html

Wenn du es schaffst, all deine Zuhörer abzuholen, sie in deinen Bann zu ziehen und mittels deines sorgfältig geplanten Rahmens die Inhalte so herüberzubringen, dass sie zu einem Erlebnis werden, dann werden sich Menschen noch lange an dich erinnern und dich wieder buchen.

Ich gehe übrigens davon aus, dass dein Inhalt genial ist. Sonst solltest du dich gar nicht erst auf die Bühne stellen.

Alles, was du für einen perfekten Rahmen brauchst, habe ich in diesem Buch für dich zusammengefasst. Ich würde sogar von »Geheimnissen« sprechen, die ich hier für dich lüfte und die für unseren Erfolg von essenzieller Bedeutung waren. Sie sind der Grund dafür, dass die Tobias Beck Academy seit 2016 mehr als 20 000 Menschen in öffentlichen Seminaren geschult hat, dass wir ohne jegliche Schulden ein Multimillionen-Imperium aufgebaut haben und dass wir gerade zur größten Plattform für Persönlichkeitsentwicklung im deutschsprachigen Raum heranwachsen.

Damit wir uns nicht falsch verstehen: Es ist natürlich nicht so, dass dein Inhalt gar keine Relevanz hat. Ganz im Gegenteil. Dein Inhalt muss deinen Zuhörern Mehrwert bieten! Wenn die Menschen aus deinen Vorträgen nichts mitnehmen, wirst du keine Folgeauftritte generieren.

Doch die Größten in unserer Szene haben einen Ansatz, der sie von allen anderen unterscheidet. Sie erinnern nicht an Schule, also an ein starres System. Sie machen die Lerninhalte erlebbar. Und das ist ein Konzept, das sich wie ein roter Faden durch diese außerordentlichen Events zieht. Es lebt von vielen einzelnen Faktoren, die dem Zuhörer zunächst gar nicht auffallen. Aber alle zusammen schaffen großartige Wow-Effekte und kreieren unvergessliche Lebensmomente. Gerade diese vermeintlich kleinen Details, die ich dir in diesem Buch verraten werde, trennen die Spreu vom Weizen.

Bevor du weiterliest, bitte ich dich, kurz nachzudenken. Welche Unternehmen fallen dir ein, die ihren Fokus zunächst deutlich auf den Rahmen legen, damit der Inhalt überhaupt die Chance hat, sich am Markt zu etablieren?

Hier zwei prominente Beispiele:

- Apple. Was macht das Unternehmen? Computer und Handys! Und alles drumherum ist Rahmen.
- Disney. Was macht die Weltfirma? Filme und Freizeitparks. Das Unternehmen holt dich in eine andere Welt und dabei spielt der Rahmen eine überaus wichtige Rolle.

Bei einer großen amerikanischen Kaffeehauskette kannst du die Wichtigkeit des Rahmens in Perfektion – und mit allen Sinnen – erleben. Gehen wir doch mal hinein.

Du öffnest die Tür und hast direkt ein Gefühl: Welcome home. Es sieht nicht nur sehr gemütlich und ansprechend aus, es riecht auch einladend nach frisch gebrühtem Kaffee. Oft arbeiten Unternehmen mit Düften, damit du immer das gleiche gute Gefühl hast, wenn du eintrittst. Clever, oder?

Auch einige Modeketten – insbesondere die mit leicht bekleideten Models vor der Tür – machen sich diesen Effekt zunutze. Unsere Nase erinnert sich noch Jahre später an einen Duft, der mit einem bestimmten Gefühl gekoppelt wurde.

Auch das Ausleuchten des Raumes mit einem bestimmten Licht und in bestimmten Farben steuert den Rahmen und den Wiedererkennungswert massiv – und auch das macht unsere Kaffeehauskette.

Du stehst jetzt an der Theke und möchtest eigentlich nur einen Coffee-to-go bestellen. Die Karte an der Wand ist voller verlockender Angebote. Verzweifelt suchst du nach einem einfachen Kaffee, aber dein Auge bleibt bei so vielen Köstlichkeiten immer wieder an dem einen oder anderen Spezialkaffee hängen.

»Kennst du schon unser Summer Special?«, ertönt da die Stimme einer strahlenden Barista. »Doppelter Espresso, eiskalt, mit Sahne und Karamell serviert, wie hört sich das an?«, fragt sie weiter. Bei den letzten Worten nickt sie leicht, lächelt, legt ihren Kopf etwas nach links und öffnet einladend ihre Hände. Und schon bist du gefangen. Du nickst unwillkürlich.

Du wirst nach deinem Namen gefragt, du nennst ihn, er wird wiederholt – und jetzt kommt der größte Trick der Branche: »Klein, mittel oder groß?« Wer will schon klein? 80 Prozent der Leute entscheiden sich für die Mitte.

Nun wird dein Name auf einen Pappbecher geschrieben. Währenddessen stößt dein Körper wie verrückt Glückshormone aus, weil du so viel Wertschätzung bekommst.

Mittlerweile hast du schon 7,90 Euro auf der Uhr. Entzückt hörst du wieder deinen Namen, der gerade an denjenigen weitergegeben wird, der deinen Kaffee zubereitet. Und endlich ist es so weit: Bei der ersehnten Übergabe hörst du deinen Namen bereits zum dritten Mal. Du bezahlst und verlässt die Filiale mit einem verdammt guten Gefühl.

Was ist hier geschehen? Menschen sind bereit, viel Geld für etwas zu bezahlen, was sie sonst sehr selten bekommen. Ein gutes Gefühl durch einen guten Rahmen. Ein solcher Rahmen gibt Menschen das Gefühl wertvoll und anerkannt zu sein.

Wenn du es schaffst, als Trainer oder Speaker einen Rahmen zu bauen, in dem sich deine Teilnehmenden wohlfühlen, öffnen können und Spaß haben, hast du gewonnen. Doch dein Inhalt muss selbstverständlich ebenso atemberaubend sein, sonst ist deine Karriere schnell wieder vorbei!

Auf den Punkt gebracht. Warum ist dein Rahmen so wichtig? Überleg doch mal kurz. Was passiert mit dem besten Kaffee der Welt – deinem Inhalt –, wenn deine Tasse – der Rahmen – einen Riss hat? Richtig, er fließt raus. Das musst du unbedingt verhindern. Und: Je besser der Rahmen ist, desto eher wertet er den Inhalt zusätzlich auf.

Liste hier einige Unternehmen und Situationen auf, bei denen du gemerkt hast, wie gut der Rahmen aufgebaut ist. Was kannst du für dein Business daraus lernen?

The German Approach: Darüber lacht die Welt

»Schönen guten Tag, meine Damen und Herren, mein Name ist Doktor Müller. Ich habe an der wirtschaftswissenschaftlichen Fakultät in Würzburg promoviert. Ich habe 15 biomolekularmedizinische Standardwerke verfasst, besitze das Ansehen des gesamten Lehrstuhls und bin unglaublich wichtig.«

Ich wette, dass dir auch schon einmal so ein Referent unter die Augen getreten ist. Vermutlich hättest du während seiner ersten Worte am liebsten schon den Raum verlassen oder dir wurde ganz furchtbar übel.

Im Ausland lachen uns die Menschen wegen unserer Angewohnheit, uns mit Zahlen, Daten und Fakten vorzustellen, gerne aus. Dieser sehr deutsche Ansatz befriedigt im Grunde doch nur das Ego – und zwar das Ego des Redners. In diesem Buch lade ich dich dazu ein, dein Ego vor der Tür zu lassen und dein Herz zu öffnen, anstatt Menschen mit Worten über dich ins Wachkoma zu versetzen.

Es kommt nicht gut an, wenn du vom ersten Moment an mit deinen Fähigkeiten angibst. Im Gegenteil: Du darfst dich in deiner Rede verletzlich und fehlbar zeigen, aber dazu später mehr.

Ich erlebe es immer wieder, dass Kollegen auf die Bühne gehen und erst mal nur über sich sprechen. Sie erzählen, wie großartig sie sind, was sie schon alles bewegt und erreicht haben, über welche Qualifikationen sie verfügen und wie wichtig sie für diese Welt sind.

»Wichtig« leitet sich in meiner Definition übrigens von »Wicht« ab, aber das nur am Rande bemerkt. Denn nach meiner Philosophie komme ich nur aus einem Grund auf die Bühne: um zu dienen!

Lass mich dir eine vielleicht etwas schmerzhafte Wahrheit verraten: Es interessiert niemanden, wer du bist! Wenn Menschen eines deiner Seminare besuchen, tun sie das nicht, weil sie hören wollen, wie toll du bist. Sie kommen, um etwas Neues und Wertvolles zu erfahren, was sie weiterbringt.

Alles, was sich deine Zuhörer von der ersten Sekunde an fragen, ist: »Was habe ich davon, dir zuzuhören?« – W.H.I.D.? Wenn du es nicht schaffst, deinen Zuhörern diese Frage in den ersten Sekunden zu beantworten, wird der Rest des Vortrags ganz schön schwierig für dich.

Jetzt darfst du kurz durchatmen, denn: Deine Expertise ist wichtig, deine Story ist wichtig. Aber nicht gleich zu Beginn! Zu Beginn gilt es, die Zuhörer in deinen Bann zu ziehen, sie mit einzubeziehen und sie so neugierig auf das zu machen, was du zu sagen hast, dass sie alles andere vergessen und an deinen Lippen hängen. Wie du das ganz genau schaffst, erfährst du in dem Kapitel »Das geheime Template«.

Folgendes Szenario ist dir sicherlich vertraut: Du bist Gast auf einer Gartenparty und eine Gruppe von Menschen fängt an über ein bestimmtes Thema zu reden. Im Grunde ist es ganz egal, worum es geht. Eines ist jedoch fast immer gleich. Bereits nach wenigen Minuten fangen alle an, über IHRE eigenen Erfahrungen mit diesem Thema zu sprechen. Keiner hört dem anderen richtig zu. Und warum ist das so?

Die wenigsten geben es zu, aber wir Menschen lieben es, über uns selbst zu sprechen. Wenn du meinen ersten GEDANKENtanken-Vortrag »Wer sind die Superstars des Lebens?« bei Youtube gesehen hast, dann weißt du, dass Menschen sich immer nach Aufmerksamkeit und Anerkennung sehnen. Das tun auch all diese Menschen auf der Gartenparty. Oder in deinem Publikum.

Warum um Himmels Willen sollten Menschen es also interessant finden, wenn du auf der Bühne zunächst nur darüber sprichst, wie großartig du bist, anstatt ihnen erst einmal zu sagen, was sie davon haben, dir zuzuhören?

Anstatt dich selbst in den Mittelpunkt zu stellen, könntest du zum Beispiel folgendermaßen starten, wenn du, sagen wir, eine Präsentation über »Sprechen in der Öffentlichkeit« hältst:

»Wie viele von euch haben in den letzten Jahren schon einmal eine richtig schlechte Präsentation gehört? Wie viele von euch wollen, dass euch das NIEMALS passiert? Dann ist es meine Aufgabe, euch so gut zu machen, dass ihr an eurem schlechtesten Tag immer noch besser präsentiert als andere an ihrem besten.

Ihr werdet in den nächsten zwei Tagen Techniken erlernen, die nur von den Größten der Branche beherrscht werden. Mir persönlich ist es wichtig, dass wir viel Spaß haben und dass dieses Seminar zu einem Erlebnis für euch wird. Gleichzeitig erhaltet ihr Unterlagen mit der wissenschaftlichen Grundlage unseres Ansatzes. Bei Übungen werden wir uns gegenseitig unterstützen und Hilfestellung geben.«

Wie viel habe ich bis jetzt über mich erzählt? Korrekt, nichts! Um wen ging es hier? Korrekt, nur um die Teilnehmenden und was für sie interessant ist! Und genau das ist der feine und ausschlaggebende Unterschied.

Würdigen wir den »deutschen Ansatz« eines weiteren kritischen Blickes. Oft pressen Redner so viele Informationen wie möglich in eine Powerpoint-Präsentation, um dann hinter einem Pult stehend mit dem Gesicht Richtung Wand das abzulesen, was ohnehin in kleinen schwarzen Buchstaben und möglichst vielen Zahlen, Daten und Fakten (ZDF) ersichtlich ist. Der Kontakt mit dem Publikum? Geht gegen Null.

Für diese Sprecher haben wir in der Szene zwei Phrasen: »Der, der mit der Wand spricht« oder »Tod durch Powerpoint«. Wie es besser geht, lernst du in diesem Buch.

Nie mehr Schule

Machen wir eine kleine Zeitreise. Erinnere dich bitte an deine Schullaufbahn. Wie war das für dich? Hat es dir gefallen, den ganzen Tag am Tisch zu sitzen? Still zu sein und nur zuzuhören? Immer um Erlaubnis fragen zu müssen, wenn du zur Toilette musstest? Wie hast du diese extreme Fremdbestimmung empfunden?

Die meisten Menschen haben leider keine allzu positiven Erinnerungen an ihre Schulzeit, in der Lehrer versuchten, ihnen den Unterrichtsstoff in die Köpfe zu hämmern. Daraus ergibt sich eine unumstößliche Faustregel für deinen Vortrag: Du bist kein Lehrer und das ganze Setting darf nicht an Schule erinnern.

Erster problematischer Aspekt: Tische. Ich arbeite nie mit Tischen. Tische und Sitzreihen erinnern an Schule und diese Assoziation löst bei vielen Menschen sofort eine Abwehrhaltung inklusive Demotivation aus. Das solltest du unbedingt verhindern. Ich lasse die Teilnehmenden in kleineren Runden lieber einen Stuhlkreis bilden.

Diese Anordnung sorgt sofort für mehr Aufmerksamkeit und Offenheit. Außerdem kann sich in einem offenen Kreis niemand hinter seinem Laptop verstecken oder mit dem Handy herumspielen. Bei großen Events bauen wir zwar Stuhlreihen auf, aber wir verzichten immer ganz bewusst auf Tische.

Wie sah es damals in deiner Schule aus? Waren die Räume freundlich, bunt und gemütlich? Hattest du das Gefühl, nach Hause zu kommen, wenn du das Klassenzimmer betreten hast?

In den meisten Schulen war und ist das leider nicht der Fall. Auch aus diesem Grund gibt es bei meinen Veranstaltungen immer Ballons. Außerdem läuft Musik und es herrscht eine lockere Atmosphäre, in der Informationen nicht in die Teilnehmenden hineingepresst werden. Wir gehen vielmehr davon aus, dass sich alle Resultate bereits im Raum befinden und wir sie nur noch gemeinsam in der Gruppe erarbeiten müssen.

Die wichtigsten Anti-Schule-Maßnahmen im Überblick:

- Stuhlkreis bilden
- Musik abspielen
- Farbe reinbringen
- Wände mit Bildern ausstatten
- Pflanzen aufstellen
- Raumgeruch verändern

© Patrick Reymann

Jetzt kannst du kreativ werden und deine Ideen aufschreiben, wie du deine Teilnehmenden in eine andere Welt holst:

Die vier Menschentypen abholen

Dir ist sicherlich schon einmal aufgefallen, dass es Menschen gibt, mit denen du direkt in Resonanz gehst. Auf der anderen Seite gibt es Menschen, bei denen du von Anfang an denkst: »Oh, das wird schwierig mit uns.«

Das liegt an den recht unterschiedlichen Menschentypen – vier, um genau zu sein. Sie haben verschiedene Hauptmerkmale, und je mehr von ihnen bei deinem Gegenüber und dir übereinstimmen, desto besser »schwingt« ihr miteinander.

Diese Menschentypen begleiten dich in allen Bereichen deines Lebens – und während deiner Rede sitzen sie vor dir: Eulen, Delfine, Wale und Haie. Jeder von ihnen nimmt deine Worte anders auf und jeder von ihnen kommt mit anderen Erwartungen zu dir.

Privat kannst du dir deine Freunde aussuchen und vermutlich ist in diesem Bereich auch bei dir das bekannte Grundprinzip wirksam: Menschen mögen Menschen, die ihnen ähnlich sind. Doch was machen wir, wenn wir auf der Bühne oder vor Publikum stehen?

Es ist schwierig beziehungsweise unmöglich, an der Eingangstür mit allen Menschen einen Test durchzuführen und nur diejenigen hereinzulassen, die deinem eigenen Persönlichkeitstyp entgegenkommen.

Es gibt in unserem Gehirn verschiedene Filter, die dafür sorgen, dass möglichst nur die Informationen in unser Bewusstsein gelangen, die unserer Persönlichkeit am ehesten entsprechen. Man kann sich das so vorstellen wie Ritter, die das Burgtor zum menschlichen Gehirn überwachen.

Das erlaubt natürlich nur einen sehr eingeschränkten Blick auf die Menschen um uns herum – keine gute Voraussetzung für einen guten Kontakt zu deinem Publikum. Wenn du es hingegen schaffst, jeden einzelnen Menschentypen abzuholen und in seiner jeweiligen Art zu denken und zu sprechen, hast du gewonnen.

Erst wenn alle vier Menschentypen mit dir in Resonanz gehen, ist es jedem einzelnen von ihnen möglich, zu lernen. Denn erst dann schalten wir die Filter in unseren Köpfen aus.

Doch wie kannst du das praktisch umsetzen? Dafür möchte ich dich zunächst mit den Grundzügen der vier Menschentypen vertraut machen und gebe dir ein paar Tipps für die typgerechte Begleitung bei deinen Events:

Wal

Der Wal ist ein Helfertyp. Er sorgt sich um andere und mag es schön harmonisch. Wenn du einen Wal fragst, ob er dir dabei helfen kann, am nächsten Sonntag um 8 Uhr umzuziehen, sagt dieser direkt ja, macht Kaffee und Brötchen für alle und bringt gleich noch weitere Walfreunde mit. Wale mögen eine familiäre Atmosphäre und lieben Gruppenarbeiten. Nette, wertschätzende Worte bedeuten ihnen viel.

Was tue ich bei Events, um Wale typgerecht abzuholen?
Es fängt schon vor dem Gebäude an. Crewmitglieder heißen die Teilnehmenden mit Schildern willkommen, auf denen Sätze wie »Wow, cooler Typ!« oder »Du bist ein Superstar« stehen. Die Crewmitglieder empfangen alle mit einem herzlichen Lächeln.

Im Gebäude selbst ist alles sehr liebevoll hergerichtet und es herrscht eine warme, ansprechende Atmosphäre. Vom Eingang, über die Registrierung bis hin zum Produktstand strahlt meine Crew eine Botschaft aus: Es ist schön, dass du da bist! Das lieben Wale.

Damit ist es jedoch nicht getan: In den Waschräumen platzieren wir Schalen mit Bonbons, Deodorant und Erfrischungstüchern. Abgesehen davon, dass all das nützlich ist, fühlen sich die Teilnehmenden so liebevoll empfangen und umsorgt.

An den Spiegeln kleben Schilder voller Ermutigungen und Komplimente wie »Du siehst umwerfend aus«. Wenn die Teilnehmenden in den Saal kommen, gibt es wieder eine herzliche Begrüßung durch meine Crew und auf den Sitzplätzen befinden sich kleine Aufmerksamkeiten wie zum Beispiel Gummibärchen.

Alles, was der Wal bis hierhin denkt, ist: »Was sind die hier nett zu uns, das ist ja der Wahnsinn!«

Hai

Während Wale sich immer die Frage stellen, was andere Menschen davon haben, dass es sie gibt, stellt sich der Hai nur die eine Frage: »Was habe ich davon, dass es andere Menschen gibt?«

Haie wollen direkt und gerne immer wieder hören, wie toll sie sind, und fühlen sich so in ihrer Bedeutsamkeit bestätigt. Haie sind sehr direkt in der Kommunikation und legen großen Wert auf den äußeren Eindruck. Sie lieben Luxus und tragen oft Markenkleidung.

Wie kannst du diesen Menschentypen öffnen?
Auch die Details, auf die der Hai Wert legt, sind schon vor der Location zu finden. Ein »Schön, dass du da bist«-Schild wird zwar von einem Hai anders interpretiert als von einem Wal – er bezieht es nur auf sich selbst und niemals auf die anderen –, es hat aber die gleiche Wirkung: Der Hai fühlt sich wohl und wertvoll.

Für Haie gibt es bei meinen Seminaren VIP-Plätze, die sie vorher buchen können. Haie lieben Effizienz, einen gehobenen Status und den Komfort, sich nicht extra einen Platz im Zuschauerraum suchen zu müssen. Durch derartige Details wird dein Ansehen beim Hai steigen und er wird sich auf deine Veranstaltung einlassen.

Delfin

Delfine sind die Mitglieder der Partyfraktion, die es gerne unkonventionell mögen. Delfine erkennt man zum Beispiel daran, dass sie rot gekleidet zu einer »All in White«-Party kommen. Das tun sie nicht aus Respektlosigkeit, sondern einfach nur, weil sie es lustig finden und Spaß haben wollen.

Delfine brauchen von der ersten Sekunde an Beschäftigung, damit sie ihre Energie für deinen Vortrag bündeln können und nicht von allem und jedem abgelenkt werden.

Und dreimal darfst du raten, an welcher Stelle wir bei unseren Veranstaltungen anfangen, die Delfine spielen zu lassen – denn das ist es, was sie lieben. Richtig! Vor dem Gebäude. Dort begegnen ihnen Crewmitglieder, die mit Schildern zur »Party for no Reason« auffordern und High Fives verteilen.

Partymusik läuft ohnehin von Anfang an, außerdem wartet eine Hüpfburg darauf, erobert zu werden. Auch für deine Veranstaltung ist es wichtig, die Delfine immer wieder zum Mitmachen zu animieren und ihnen eine Bühne zu geben.

Eule

Eulen analysieren, strukturieren, beobachten und achten sehr genau auf Details. Fachwissen, Nachschlagewerke und Strukturen sind ihnen besonders wichtig. Auch auf diesen Menschentypen gehst du schon vor Beginn deiner Veranstaltung ein.

Direkt auf die Anmeldung folgt eine E-Mail, die alle relevanten Daten enthält: Uhrzeit, Ort, Anreiseoptionen mit dem Auto sowie mit öffentlichen Verkehrsmitteln, Parkmöglichkeiten, nahe gelegene Unterkünfte und gegebenenfalls besondere Konditionen für die Teilnehmenden. Außerdem erfährt der Empfänger, was er mitbringen muss und wen er bei Rückfragen anrufen kann.

Achtung: Bedenke immer, dass du es nicht jedem recht machen kannst. Nicht jedes Detail ist für jeden Menschentypen passend. Während der ökologisch vertretbare Bleistift das Herz des Wales lachen lässt, würde sich der Hai eher über einen Montblanc-Kugelschreiber freuen. Aber ist das machbar und mit deinen Werten vereinbar? Denk daran, dass deine Authentizität auch eine Rolle spielt.

Doch warum ist es so wichtig, jeden Menschentypen abzuholen? Wenn Menschen sich wohlfühlen und sie sich in ihrer Persönlichkeit wertgeschätzt sehen, ist das der ideale Rahmen für deine Rede. Und was passiert, wenn dir das nicht gelingt? Dann werden Menschen dein Seminar oder deinen Vortrag stören. Ich will dir keine Angst machen, aber von Zwischenrufen über Anfeindungen bis hin zu Zuschauern, die sich reihenweise erheben und Richtung Ausgang gehen, kann dir ALLES passieren. Ich weiß, wovon ich rede.

Aber du kannst dich ja wappnen. Du weißt jetzt, wie du mit der äußeren Gestaltung deiner Veranstaltung auf die Bedürfnisse der vier Menschentypen eingehen kannst. Wie du jeden von ihnen mit den Inhalten, der Sprache und der Form deines Vortrags abholst, erfährst du in dem Kapitel »Das geheime Template«.

Wenn du noch tiefer in die Materie einsteigen willst, empfehle ich dir dieses Buch:

Schreib hier auf, welche Elemente du zukünftig für die vier Typen übernehmen wirst:

Offenes versus geschlossenes System

Stell dir folgendes Szenario vor: Der Tag deines Seminars ist da. Die Teilnehmenden strömen in den Raum, du machst einen großartigen ersten Eindruck und alle lauschen gebannt deinem Vortrag. Das ist eine fantastische Vorstellung, oder?

Doch möglicherweise wird es nicht so optimal laufen und die Realität sieht ganz anders aus. Versetz dich doch einmal kurz in deine Teilnehmenden hinein. Die meisten von ihnen haben einen völlig normalen Morgen oder Tag erlebt, bevor sie in deine Veranstaltung gekommen sind. Viele sind in Gedanken wahrscheinlich nicht bei dir, sondern ganz woanders – auch wenn sie körperlich anwesend sind und so tun, als würden sie dir zuhören.

Doch wo sind die Leute? Sie sind in ihren Gedanken auf die Dinge fokussiert, die sie gerade beschäftigen: Der Parkplatz war besetzt, die Radionachrichten waren deprimierend, der Chef macht Druck, damit die Zahlen im nächsten Quartal stimmen. Obendrein war der Partner genervt, die Kinder waren zu laut und außerdem zieht es so komisch im Rücken. Das sind doch die besten Voraussetzungen, um nun dir und deinem Vortrag zu lauschen, oder?

Nein, ganz im Gegenteil! Nach unzähligen Seminartagen und Keynotes auf kleinen und großen Bühnen kann ich dir sagen: Menschen müssen erst einmal in ein geschlossenes System geholt werden, um zuhören zu können. Sie müssen im Hier und Jetzt ankommen und zu einem Team zusammenwachsen. Erst dann wirst du sie erreichen.

Doch wie schaffen wir es, unterschiedliche Menschentypen mit ihren individuellen Geschichten binnen weniger Minuten zu einer Gemeinschaft zusammenzuschweißen? Obendrein sollen sie auch noch brav zuhören und im Idealfall etwas lernen.

Es ist eigentlich ganz einfach. Wir bringen das zum Einsatz, was seit Urzeiten funktioniert: Rituale. Und damit meine ich weder Pendel noch Zaubersteine noch Räucherzeremonien. Es geht im Grunde um Wiedererkennung und Wohlfühlen.

Mein Ritual funktioniert so: Bei Seminaren setze ich immer wieder das gleiche Musikstück ein, das zum Tanzen, Klatschen und Feiern animiert. Ich möchte erreichen, dass die Teilnehmenden miteinander in Aktion treten und Distanz abbauen. Das kann zum Beispiel über ein gemeinsames Spiel oder ein High Five mit dem Nachbarn laufen. Besonders kraftvoll ist es, wenn die körperliche Aktion noch verbal untermauert wird. Bei einem Vortrag über Finanzen kannst du zum Beispiel sagen: »Gib jetzt deinem Nachbarn ein High Five und sag: ›Du wirst Millionär‹«, und schon lachen die Teilnehmenden einander freundlich zu.

Jetzt sind alle etwas lockerer und miteinander verbunden. Damit das Ritual nun seine volle Wirkung entfaltet, braucht es die Wiederholung: Ich wiederhole diesen Ablauf also nach jeder Pause oder je nach Dauer einer Veranstaltung auch während einzelner Sessions. Erst wenn eine Übung mindestens drei Mal wiederholt wird, etabliert sie sich in der Gruppe als Ritual. Wie kraftvoll das ist und welche Emotionen es auslösen kann, weißt du selbst, denn Geburtstag und Weihnachten sind nichts anderes als ... – richtig, Rituale!

Was vereint die Teilnehmenden nun? Sie haben gemeinsam getanzt, gefeiert, geklatscht, sie haben sich etwas Positives gesagt, sich mitunter sogar umarmt und gegenseitig wertgeschätzt. Das Ergebnis: Die Menschen fühlen sich den Menschen um sie herum etwas näher und vertrauter und das schafft eine ganz andere Atmosphäre.

Rituale sind mit einem geheimen Handschlag mit dem besten Freund oder der besten Freundin vergleichbar. Sie schweißen zusammen und sind ein Zeichen der Zusammengehörigkeit, was wiederum einen großen Teil des Rahmens ausmacht.

Ist dieses Ritual erst einmal verinnerlicht und das Zusammengehörigkeitsgefühl da, sind die Teilnehmenden offen für Informationen und Übungen. Denn durch die beginnende Vertrautheit haben wir einen geschützten Rahmen geschaffen. Dieser ist die Voraussetzung für das, was wir mit den Teilnehmenden vorhaben.

Notier hier Ideen für dein Ritual:

Code of Honor – der Ehrenkodex

Der Ehrenkodex ist eines der wichtigsten Instrumente, wenn es um den Rahmen für deine Rede geht. Vor allem für Trainer und Seminarleiter ist er das wirkungsvollste Tool, das ich kenne. Auch wenn du deine Rede mit Übungen und Aktivitäten auflockern willst, macht das gemeinsame Erstellen von Regeln mit der Gruppe Sinn.

Vielleicht weißt du, dass ich eine Zeit lang als Rettungssanitäter bei der Feuerwehr gearbeitet habe. Dort galt Folgendes: »Wenn wir zusammen in ein brennendes Haus hineingehen, gehen wir auch zusammen wieder raus!« Das war nicht nur irgendeine Regel, sondern eine Art Ehrenkodex und in der Situation essenziell für das menschliche Überleben. Eine Regel zu missachten, ist leicht, das macht jeder von uns fast täglich. Und sei es nur, wenn wir etwas schneller Auto fahren als erlaubt.

Gegen den Code of Honor zu verstoßen, verletzt hingegen die Integrität einer Person. Ein derartiger Verstoß bringt deine Glaubwürdigkeit ins Wanken und mindert den Respekt, den andere dir entgegenbringen, weil du selbst ihnen nicht mit Achtung begegnest.

Wenn du schon einmal bei einer meiner Veranstaltungen warst, dann weißt du, dass wir echt verrückte Dinge und Übungen machen, um Menschen aus ihrer Komfortzone zu locken. Wir gehen gemeinsam durch Prozesse, in denen unsere Teilnehmenden teilweise extrem mit ihrem inneren Schweinehund zu kämpfen haben. Damit das überhaupt möglich ist, braucht es diesen Ehrenkodex.

Doch wie kannst du einen solchen Code of Honor in deine Vorträge oder Seminare einbauen? Im Fall von Keynotes oder kurzen Reden brauchst du dir die Mühe nicht zu machen, weil dort in der Regel niemand an seine persönlichen Grenzen geht und geschützt werden muss. Bei längeren Seminaren und Trainings ist der Ehrenkodex unerlässlich. Er sichert nicht nur den Rahmen deines Events ab, sondern auch deine Teilnehmenden und dich.

Wie kannst du dieses Instrument nun mit Inhalten füllen, die zu dir und deiner Veranstaltung passen? Bitte beachte: Du gibst die Regeln nicht vor, sondern erstellst sie gemeinsam mit dem Publikum. Und je kleiner eine Gruppe ist, umso mehr kannst du die Mitglieder beim Erschaffen des Codes miteinbeziehen.

Auch mein Team und ich arbeiten während unserer Events mit einem Ehrenkodex. Bevor es losgeht, frage ich die Menschen im Raum stets nach den Aspekten, die aus ihrer Sicht notwendig sind, um einen optimalen Rahmen für eine optimale Veranstaltung zu schaffen. Diese gelten im Grunde ja für beide: Veranstalter und Publikum. So schwören wir uns beispielsweise immer mit den Teilnehmenden darauf ein, stets 100 Prozent zu geben und pünktlich zu sein. Sollte dann noch ein Aspekt fehlen, der erfahrungsgemäß wichtig ist, mache ich einen Vorschlag und frage, ob alle damit einverstanden sind, diesen aufzunehmen.

Doch wie kannst du mit einer großen Gruppe von hundert oder mehreren hundert Teilnehmenden diesen Ehrenkodex erstellen? Dafür benutze ich ganz einfache Geschichten. Ein Punkt, den ich bereits genannt habe und den mein Code of Honor immer beinhaltet, sind die besagten 100 Prozent.

Um den Teilnehmenden vor Augen zu führen, warum es so wichtig ist, alles zu geben, nutze ich gerne die Metapher eines Flugzeugs beim Start:

»Ich möchte mit euch über einen sehr wichtigen Aspekt sprechen. Wie viele von euch waren schon einmal mit einem Flugzeug unterwegs?« Dazu hebe ich die Hand, um bei den Teilnehmenden eine Aktion hervorzurufen. Ein Großteil tut es mir gleich. »Super, das sind ja einige. Wie würdet ihr euch fühlen, wenn ihr im Flugzeug sitzt und der Pilot folgende Durchsage macht: ›Sehr geehrte Damen und Herren, wir möchten heute einen Versuch durchführen und beim Start unsere Turbinen mit nur 80 Prozent Triebkraft laufen lassen‹? Unsicher, oder? Würde das Flugzeug abheben? Ja oder nein?«

Die Teilnehmenden werden mit »Nein« antworten. Ich frage weiter: »Bei 90 Prozent?« Ich hake nach: »Wann hebt ein Flugzeug ab?« Die Teilnehmenden rufen: »Bei 100 Prozent!« Ich bestätige: »Richtig!«, und erkläre: »Wir werden hier heute den ganzen Tag über viel Energie von euch brauchen. Die Frage ist jetzt nur, ob ihr stehen bleiben oder ob ihr wie das Flugzeug abheben wollt. Wie viele sind bereit, wie ein Flugzeug 100 Prozent zu geben?« Daraufhin heben die Teilnehmenden die Hand und ich schreibe groß »100 Prozent« auf das Flipchart.

Und so mache ich es mit jedem einzelnen Punkt. Ich nutze eine Metapher oder erzähle eine selbst erlebte Geschichte, um die Wichtigkeit der einzelnen Punkte zu erläutern.

Doch, wie gesagt, die finale Antwort kommt nie von mir, sondern IMMER von den Teilnehmenden. Ich erzähle die Geschichte lediglich so, dass ein Begriff wie »100 Prozent« oder »Pünktlichkeit« zwangsläufig von einem der Teilnehmenden oder von allen kommt. Wenn dann noch ein Begriff aus dem Publikum kommt, den ich selbst nicht auf dem Schirm hatte, und dieser vernünftig ist, schreibe ich ihn direkt mit auf.

In meinen Seminaren steht am Ende meistens Folgendes:

- 100 Prozent
- Spaß
- Team
- Respekt
- Kind sein

Um die Bedeutung des Codes zu unterstreichen, muss es natürlich auch eine Konsequenz geben, wenn jemand dagegen verstößt. In der Regel spenden bei uns im Unternehmen Regelbrecher 50 Euro für einen wohltätigen Zweck.

Doch was bringt dir dieser Code of Honor während der Veranstaltung? Ganz einfach: Wenn du merkst, dass die Energie im Raum nachlässt, fragst du: »Auf wie viel Prozent Leistung haben wir uns heute geeinigt?« (Teilnehmende rufen »100 Prozent!«) »Waren das 100 Prozent?« (Sie rufen »Nein!«) »Dann noch mal, und diesmal mit 100 Prozent!«

Das ist natürlich nur ein Beispiel. Du kannst in deinem Code of Honor alles festhalten, was für dich stimmig und wichtig ist und was zu deinen Events, Trainings, Vorträgen und Reden passt. Es ist jedoch sehr wichtig, dass du deinen Code of Honor selbst einhältst und dessen Durchsetzung auch bei deinen Teilnehmenden einforderst.

Das kann ein anstrengender Prozess sein, doch das Ergebnis ist phänomenal. Viele meiner Firmenkunden haben dieses Werkzeug bereits in ihre internen Prozesse integriert. Bei einem großen Softwareunternehmen gehört beispielsweise ein Sparschwein zum Inventar jedes Konferenzraums. Wenn während eines Meetings ein Handy klingelt oder jemand zu spät kommt, wirft der »Regelbrecher« ohne Diskussion 10 Euro dort hinein. Die Einnahmen werden am Jahresende von der Firma verdoppelt und für einen guten Zweck gespendet.

Wenn Gruppen besonders gut drauf sind, etablieren sie auch andere, oft recht kreative »Strafen« für den Verstoß gegen den Code of Honor. Das kann das Aufsagen eines Gedichts vor versammelter Mannschaft oder das Aufführen eines albernen Tanzes sein. Das empfinden die meisten Menschen als so unangenehm, dass wirklich niemand zu spät kommt oder sein Handy eingeschaltet lässt. Und für dich als Redner, Seminarleiter etc. gilt der Code of Honor natürlich am allermeisten. Denn du bist das Vorbild für die gesamte Gruppe.

Alles, was einfach aussieht, ist schwer

Wie oft habe ich das schon gehört: »Tobi, so einen Job wie du hätte ich auch gerne. Du stellst dich vorne hin, erzählst etwas und fährst wieder nach Hause.«

Und genau so soll es auch aussehen! Was aber die Wenigsten wissen: Es gehört viel mehr dazu. Es ist viel schwerer, Energie in einen Raum zu bringen und Emotionen in Menschen zu wecken, als seine Inhalte von einer vorgefertigten Powerpoint-Folie abzulesen. Das kann jeder!

Warum sind Fantasyfilme wohl so beliebt? Weil sie uns in eine völlig andere Welt hineinziehen. Unser Verstand kann zwar begreifen, dass wir uns gerade nicht im Elfenland oder im All befinden. Doch unser Verstand hat in diesem Moment nicht das Sagen, sondern das Gefühl. Und das ist es, was sich einprägt.

Ich spreche gerne vom »Geheimnis der Einfachheit«. Meine Veranstaltungen und Vorträge wirken einfach, leicht und locker. Und dieses Gefühl der Leichtigkeit überträgt sich im besten Fall auf das Publikum. Wenn wir unsere Events etwas näher beleuchten, wird jedoch deutlich, dass jedes noch so kleine Detail geplant ist.

Mein Rezept? Ich habe jahrzehntelang alles Mögliche ausprobiert und analysiert und das Resultat mittels Coaching durch die größten Seminarleiter der Welt immer weiter verfeinert und wie einen guten Wein veredelt. Ein langer Prozess, der sich gelohnt hat! Schau, was für dich funktioniert. Lass dich von diesem Buch inspirieren und dann werde besser und besser.

Um dir einen genaueren Eindruck davon zu vermitteln, was ich meine, verrate ich dir ein weiteres Geheimnis: Die bisher größte Keynote meiner Karriere in der Lanxess Arena vor über 15 000 Menschen übte ich im Vorfeld ein Jahr täglich. Ich hatte einen Komponisten engagiert, damit die Musik zu jedem meiner Worte passte, und das Feedback von Hunderten Menschen eingeholt, bevor ich etwas Neues in so einem großen Rahmen präsentierte.

Das Video findest du unter:
https://www.tobias-beck.com/buecher/die-rede-deines-lebens/linksammlung/

Es sieht einfach aus, oder? Aber es war unfassbar schwer.

Das Ganze lässt sich mit dem Autofahren vergleichen. Wenn wir heute Auto fahren, erledigen wir alle Abläufe – schalten, kuppeln, bremsen, Gas geben usw. – fast ohne nachzudenken. Als du allerdings das erste Mal selbst hinter dem Lenkrad gesessen hast, dachtest du dir vermutlich: Ich werde es niemals schaffen, das alles gleichzeitig zu tun!

Als guter Speaker hast du auf der Bühne auch mehr zu tun, als nur zu sprechen. Du folgst einer Komposition zahlreicher Elemente, die einen Ablauf erzeugen, der genau einen Eindruck vermittelt: Leichtigkeit.

Und jetzt erinnere dich daran, wie es dir gelungen ist, heute so selbstverständlich Auto zu fahren! Richtig – durch Übung! Beim Autofahren lernst und übst du die Abläufe in der Fahrschule, beim Sprechen tust du das bei dem »Speaking Performance Practitioner« und bei dem »Speaking Performance Master«.

Alles hängt mit allem zusammen

Wir Menschen neigen dazu, die eierlegende Wollmilchsau zu suchen. Eine Sache, einen Satz, einen perfekten Weg, durch den auf magische Weise alles von selbst seinen positiven Lauf nimmt. Doch wie in fast allen anderen Lebensbereichen gibt es auch im wunderschönen Beruf des Speakers solch einen einfachen Weg nicht. Du weißt ja: Alles, was einfach aussieht, ist in Wirklichkeit schwer.

Und es gibt eben auch nicht die EINE Sache in deinen Events und Vorträgen, die den Rahmen für die jeweilige Veranstaltung perfekt macht. Stattdessen gilt folgende Grundregel: »Alles hängt mit allem zusammen.« Lies dir diesen Satz ruhig noch mehrmals durch. Die Magie der Rede deines Lebens entsteht durch die Summe der liebevoll zusammengesetzten Puzzleteilchen, die ein großes Bild ergeben.

Hier ein Beispiel aus meiner Welt: Du möchtest meine »Masterclass of Personality« besuchen und bist gerade auf dem Weg dorthin. Du befindest dich noch im sogenannten offenen System und bist in Gedanken versunken. Wie gelingt nun der Übergang in meine Welt?

Schon vor der Location warten gut gelaunte Crewmitglieder auf dich und freuen sich einfach von Herzen, dass du da bist. Drinnen geht es weiter: Du triffst noch mehr fröhliche Menschen. Alle Wege sind gut gekennzeichnet, alles ist mit viel Liebe zum Detail gestaltet. Selbst in den Waschräumen hängen Schilder mit positiven Affirmationen. In der Halle angekommen, findest du auf deinem Platz Zettel und Stift, nachhaltig produziert und liebevoll arrangiert. Auch vegane Süßigkeiten dürfen nicht fehlen. Bunte Lichter und anregende Musik aktivieren dich und lassen dich langsam in unsere Welt eintauchen.

Was ich dir damit sagen will? Deine Teilnehmenden merken, ob du durchgehend stimmige Signale setzt oder ob die einzelnen Aspekte nur dazu dienen, einen Schein zu erzeugen.

Sie beobachten dich ununterbrochen und spüren, wenn du es nicht von Herzen ehrlich meinst. Glaub es mir! Die Liebe zum Detail etwa, die mein Team während unserer Events so großartig umsetzt, ist das Rückgrat unseres Erfolges.

Hinzu kommen Mittel wie deine Website und alle Informationen, die deine Zuhörer vor und nach der Veranstaltung in Form eines Newsletters oder über Social Media von dir erhalten. Achte auf eine stimmige, aufrichtige, begeisternde und wertschätzende Gesamtansprache.

Alles hängt mit allem zusammen!

Menschen abholen

Die gelungene Kommunikation mit den Teilnehmenden deines Events ist das A & O der Kundenbindung. Dazu gehören neben der Einordnung des Publikums in die vier tierischen Menschentypen noch einige andere besondere Herangehensweisen und innere Haltungen. Um diese geht es auf den folgenden Seiten.

As-ising – sag's, wie es ist

Ein weiteres Mittel, um Menschen in deine Welt zu holen, ist die »As-ising«-Technik, die – einfach übersetzt – benennt, was gerade Sache ist, und dein Einfühlungsvermögen unterstreicht. Wenn Menschen beispielsweise seit Stunden mit Powerpoint-Slides torpediert werden und sie nun scheintot und zusammengesunken auf ihren Stühlen sitzen, könntest du fragen: »Wie viele von euch sind ein wenig müde und könnten eine kleine Pause vertragen?« Oder, wenn es besonders heiß im Raum ist: »Wie viele von euch wären gerade lieber im Freibad als hier in diesem Meeting?« Schon sind die Herzen auf deiner Seite, denn die Teilnehmenden denken: Endlich einer, der es ausspricht!

An einem Tag im März 2015 war ich besonders froh, die »As-ising«-Technik zu beherrschen. Während eines Servicetrainings für einen großen Player der Systemgastronomie änderte sich bei einigen Teilnehmenden plötzlich ihr Gesichtsausdruck und eine junge Frau fing nach dem Blick auf ihr Handy an zu weinen. Was war passiert? Das Flugzeug einer großen deutschen Airline war über den Alpen abgestürzt.

Ich reagierte sofort auf die neue Situation. Ich setzte mich zu der Gruppe, teilte meine ehrlichen Gefühle der Trauer und Machtlosigkeit und sammelte Stimmen aus dem Publikum. Auf keinen Fall darfst du in einer solchen Situation einfach weitermachen, denn der wichtigste Satz in unserer Branche lautet: Der menschliche Geist ist wie ein Fallschirm: Er funktioniert nur dann, wenn er offen ist.

Glaub mir, ich habe schon fast alles erlebt: vom Brand des Seminarhotels über die panische Reaktion einer Teilnehmerin, der eine offene Limoflasche in ihre sündhaft teure Handtasche gefallen war, bis hin zu einem Verweigerer, der sich provokativ vier Tage lang mit dem Gesicht in Richtung Wand gedreht hat. Wie du mit schwierigen Teilnehmenden und Störern umgehst, lernst du in einem späteren Kapitel.

Hier noch eine einfache Fragetechnik à la As-ising, die so gut wie immer funktioniert:

- »Wie viele von euch könnten gerade auch woanders sein als in diesem Seminarraum?«
- »Wie viele von euch denken gerade an diesen Ort?«

Insbesondere in Seminaren, bei denen die Teilnehmenden nicht freiwillig vor dir sitzen, funktioniert eine solche Fragetechnik besonders gut. Du musst das Ganze natürlich in deine Worte fassen und deiner Situation anpassen.

Die Gänse-Taktik – alles wird gefeiert

Wie kannst du das Wir-Gefühl während deiner Veranstaltung und die Aufnahmefähigkeit und die Energie deines Publikums noch mehr stärken? Da bietet sich die sogenannte Gänse-Taktik an.

Hast du im Herbst schon einmal beobachtet, wie Gänse in einer perfekten V-Formation in Richtung Süden fliegen? Manchmal hörst du sogar lautes Geschnatter. Ich stelle mir vor, dass die Gänse sich auf diese Weise bei der Gans bedanken, die die letzten Kilometer vorne geflogen ist und in deren Windschatten die anderen ein wenig verschnaufen durften.

Jetzt fragst du dich sicherlich, was das mit deinem Training oder deiner Präsentation zu tun hat. Nun, mir ist es wichtig, dass jeder Teilnehmende, dem etwas Positives gelungen ist oder der einen Beitrag geleistet hat, viel Aufmerksamkeit und Wertschätzung bekommt. Das kann zum Beispiel eine Wortmeldung sein, die etwas zum Inhalt oder zum Code of Honor beiträgt. Immer, wenn jemand etwas besonders gut macht, wird gefeiert. Warum? Die wenigsten Unternehmen würdigen gute Leistung durch Anerkennung. Wir hingegen setzen so einen positiven Rahmen.

Möglichkeiten, um Teilnehmende wertzuschätzen:

- High Fives
- Längere Pause
- Spiele
- Applaus
- Standing Ovations
- Geschenke für Leute, die sich einbringen
- Geburtstage/Namenstage/Jubiläen feiern lassen

Auf den ersten Blick scheint vieles davon vielleicht selbstverständlich. Doch auch für gesunde, kräftige Zuggänse ist es selbstverständlich, während eines Fluges alles für die Gruppe zu geben. Trotzdem schenken die Tiere einander Anerkennung und Dank und feuern sich gegenseitig an.

Du versus Sie

Ich schätze die Vorzüge, die eine informelle Ansprache mit sich bringt – das hast du in diesem Buch und vielleicht auch beim Besuch meiner Veranstaltungen gemerkt. Aber auch dieses kommunikative Element passt und funktioniert nur, wenn der Rahmen es erlaubt.

Auch während meiner Keynotes nutze ich gerne das persönliche »Du« anstatt des formellen »Sie«. Meistens beginne ich mit dem »Sie« und leite – wenn ich spüre, dass die Gruppe eine Verbindung zu mir aufgebaut hat – zum Beispiel so über:

»Ist es in Ordnung, wenn wir für den heutigen Tag das Du benutzen? Wenn wir uns nach der Veranstaltung auf der Straße begegnen, nicken wir uns kurz zu, ob das Du weiterhin okay ist, ja?« Meistens lachen die Leute im Publikum dann und alle sind entspannt.

Doch was sind die Vorteile des Du? Bei meinen Vorträgen und Seminaren will ich die Herzen der Menschen berühren, und das funktioniert mit dieser Ansprache viel besser. Außerdem lege ich Wert darauf, dass meine Teilnehmenden eines wissen und spüren: Bei mir bist DU wichtig. Nicht dein Job, nicht dein Ansehen, sondern DU als Mensch. Ein Mensch, der Träume, aber auch Ängste hat.

Das geheime Template

Was, glaubst du, ist der wichtigste Teil deiner Rede? Genau, der Anfang und die ersten paar Minuten. Die große Herausforderung liegt darin, dass in diesem Moment zwei Dinge sehr intensiv sind: die Aufmerksamkeit deines Publikums und deine Nervosität. Keine allzu günstige Kombination. Deshalb brauchst du den perfekten Start.

Hast du dich jemals gefragt, warum manche Speaker, Trainer, Coaches und Berater ihre Teilnehmenden und Zuhörer von der ersten Sekunde an in ihren Bann ziehen und andere nicht?

Hast du dich selbst schon einmal gefragt, wie in Gottes Namen manche das schaffen?

Dann darf ich dir hier und jetzt das geheime Template vorstellen und dich auch gleich darauf aufmerksam machen, dass ich einen Schritt dieses Tools soeben bei dir angewandt habe.

Lies noch einmal die ersten drei Sätze zu Anfang der Absätze in diesem Kapitel. Noch wird dir unklar sein, worauf ich hinaus möchte. Ich zeige dir jetzt die Technik, die die ganz Großen einsetzen. Wenn man diese Technik einmal verstanden hat, ist sie so unglaublich einfach, dass jeder sie mit etwas Übung anwenden kann.

Wie ich bereits erwähnt habe, stellen sich viele meiner Kollegen auf die Bühne oder vor ihre Seminarteilnehmenden und reden NUR von sich. Sie sprechen über ihre vermeintlichen Kompetenzen, ihre Abschlüsse und Qualifikationen. »Ich, ich, ich« ist alles, was die Teilnehmenden hören. Doch für wen interessiert sich dein Publikum in erster Linie: für dich oder für sich selbst?

Deine Teilnehmenden kommen um ihrer selbst willen und nicht deinetwegen zu deinem Seminar. Aus diesem Grund ist es ein schwerer Fehler, deine Rede mit dem berüchtigten und belächelten »German Approach« zu beginnen. Aber da du das Kapitel über diesen Fehlstart bereits gelesen hast, wird er dir sicher nicht mehr unterlaufen.

Wenn du die folgenden Schritte beachtest, wirst du in Zukunft immer optimal in deine Rede oder dein Seminar starten, selbst wenn du persönlich den schlechtesten Tag des Jahres haben solltest. Verinnerliche das Template Schritt für Schritt und füll es mit deinen Inhalten.

1. Scan the room

Nachdem du auf die Bühne gekommen bist, solltest du dir einen Moment Zeit nehmen. Fühl den Raum. Wie ist die Energie der Teilnehmenden? Sind sie nervös? Aufgebracht? Angespannt? Entspannt? Bleib für ein paar Sekunden einfach stehen und lass alle Eindrücke auf dich wirken.

Hier hast du direkt die erste Gelegenheit, dich in einen guten Kontakt mit deinem Publikum zu bringen. Halt einfach mal die Zähnchen zum Trocknen raus und lächele herzlich. Achte auf deine äußere Haltung, denn sie wird zu deiner inneren. Halte den Kopf gerade, nimm die Schultern zurück und verschaff dir einen sicheren Stand auf beiden Beinen.

Tritt sicher auf und nimm die Bühne mit deiner präsenten Ausstrahlung ein, um deinen Teilnehmenden einen starken Rahmen für dein Event zu bieten.

Schau während dieses Scans auch nach Energietankstellen, also nach Menschen, die dich anlächeln und dir Aufgeschlossenheit signalisieren. Gleichzeitig hältst du nach potenziellen Störern Ausschau und verschaffst dir einen Eindruck davon, welche Menschentypen vor dir sitzen, damit du direkt mit den ersten Sätzen das richtige Wording findest.

Ein absoluter Geheimtipp: Passe während des Scannens den eigenen Kleidungsstil nach Möglichkeit dem der Gruppe an. Du weißt ja: Menschen mögen Menschen, die ihnen ähnlich sind. Ich ziehe zum Beispiel sofort mein Sakko aus, wenn mir auffällt, dass die Mehrheit keines trägt.

2. Zwei Fragen – oder: die Schmerz- und Gegenmittel-Methode

Beginn deine Rede mit einer sogenannten Schmerzfrage, zum Beispiel: »Wie viele von euch haben schon mal eine richtig schlechte Rede gehört?« Im Anschluss bietest du mit einer zweiten Frage das Gegenmittel, also die Lösung für den Schmerz der Unwissenheit oder des Unvermögens, an.

Ich zeige dir die Technik im Folgenden an einem konkreten Beispiel:

- »Wie viele von euch haben schon mal eine richtig schlechte Rede gehört?«

Dabei hebe ich meine Hand und die Teilnehmenden werden es mir gleichtun.

- »Wie viele von euch hätten gerne ein universelles Geheimrezept, damit euch das niemals passiert?«

Ich hebe währenddessen wieder die Hand und die Teilnehmenden werden diese Geste spiegeln.

Warum all das? Erinnern wir uns: Mit dieser Methode sammelst du deine Zuhörer gleich mit dem ersten Satz ein und es wird sofort klar, worum es geht! Nämlich nicht um dich, sondern um den Mehrwert für sie.

Diesen Schmerz einer schlechten Rede möchte niemand ertragen und wenn du ein Gegenmittel anbietest, ist das Publikum auch gewillt, dir zumindest die nächsten paar Minuten zuzuhören, bis es sich noch weiter von dir und deinen Fähigkeiten überzeugen konnte.

Ich habe noch einen weiteren Tipp, wie du die Schmerz- und Gegenmittelfragen optimal stellst: Frag niemals, wer von deinen Zuhörern schon einmal etwas getan oder erlebt hat. Das separiert den Einzelnen. Frag immer, »wie vielen« von ihnen der Aspekt, um den es gerade geht, bekannt vorkommt. Denn diese Technik bezieht alle Zuhörer mit ein. »Wie viele« leitet eine einschließende Frage ein, bei der sich alle melden können.

Idealerweise formulierst du die Frage so, dass sie nahezu 100 Prozent deiner Teilnehmenden anspricht. Auf ihre Reaktion lässt du ein kurzes »Danke« folgen.

Hier noch einige Beispiele für die beschriebene Fragetechnik:

Versicherung:

- »Wie viele von euch kennen Menschen, die schon mal Ärger mit ihrer Versicherung hatten?«
- »Wie viele von euch wüssten gerne das Geheimrezept, wie sie von Versicherungen das bekommen, was ihnen zusteht?

Erziehung:

- »Wie viele von euch haben beim Thema Erziehung schon mal eine echte Herausforderung erlebt?«
- »Wie viele von euch hätten gerne die geheime Formel, die sonst nur (fähige) Pädagogen nutzen?«

Notier dir hier ein paar ideale Einstiegssätze für deinen Vortrag:

3. Name & Thema

Jetzt darfst du endlich über dich sprechen! Freu dich nicht zu früh, es geht nur um deinen Namen und den Lösungsansatz für die Schmerzfrage.

Dazu ein Beispiel. Die Lösungsfrage lautet: »Möchtest du gerne eine Methode kennenlernen, mit der die ganz großen Speaker den Einstieg gestalten?« Nun geht es weiter mit deinem Namen und deinem Thema. So mache ich das: »Mein Name ist Tobias Beck und es ist meine Aufgabe, euch genau diese Methode zu zeigen, damit jeder von euch an seinem schlechtesten Tag noch besser präsentiert als andere an ihrem besten.«

Das war es vorerst von dir. Aber keine Angst, du bekommst zum Ende des geheimen Templates noch die Gelegenheit, dich als Experte vor der Gruppe zu positionieren.

Ein kleiner Tipp zum Schluss: Wenn du deinen Namen sagst, leg kurz deine rechte Hand auf dein Herz. Damit stellt das Unterbewusstsein der Teilnehmenden bereits einige positive Verknüpfungen zwischen dir und deinem Namen her.

4. Danke!

An dieser Stelle bedankst du dich bei den Teilnehmenden dafür, dass sie angereist sind, dass sie Zeit und Geld investiert haben, um heute hier zu sein, dass du wertschätzt, dass sie, obwohl sie eine Familie haben, trotzdem an einem so schönen Sonntag gekommen sind. Und so weiter.

Du bringst zum Ausdruck, dass dir diese Motivation unglaublich viel bedeutet. Es ist dir aus genau diesem Grund ein Herzensanliegen, dass jeder Anwesende so viel wie möglich für sich mitnimmt. Das muss rüberkommen.

Wenn du auf Profi-Ebene performen willst, legst du, während du dich bedankst, wieder deine rechte Hand auf dein Herz. Das bringt deine Aufrichtigkeit zum Ausdruck und unterstreicht deine Dankbarkeit für das Engagement deiner Zuhörer.

Sag dies nur, wenn du es tatsächlich meinst. Wenn du deinem Publikum mit der Hand auf dem Herzen sagst, wie dankbar du bist, du aber in Wirklichkeit keine Lust hast, jetzt zu sprechen, werden die Menschen das unbewusst spüren und dir gegenüber ein Misstrauen entwickeln.

5. W.H.I D.

Erinnerst du dich an diese vier Buchstaben? Sie stehen für das, was sich deine Teilnehmenden von der ersten Sekunde an fragen, wenn sie zu deinem Seminar kommen. »Was habe ich davon?« Was haben sie davon, dir zuzuhören? Auf diese unausgesprochene Frage solltest du deinem Publikum eine sehr gute Antwort liefern. Dann werden mit Sicherheit alle weiter aufmerksam zuhören und niemand wird deine Rede stören.

Gib nun jedem einzelnen Menschentypen einen Grund, deinem Vortrag zu lauschen. Stichpunkte zu Walen, Eulen, Delfinen und Haien findest du in dem Kapitel »Die vier Menschentypen abholen«. Eine genaue Beschreibung steht in meinem Buch »Unbox your Relationship!«:

Hier ein Beispiel, wie du alle vier Menschentypen unter Anwendung des Templates abholen kannst:

»Wir werden uns in den nächsten drei Stunden genau anschauen, wie du das Template so nutzen kannst, dass deine Teilnehmenden an deinen Lippen hängen und deine Folgeseminare buchen werden.« (Das spricht die Haie an.) »Wir werden den gesamten Vortrag sehr locker und mit viel Spaß gestalten.« (Jetzt hast du alle Delfine eingesammelt.)

»Ihr werdet am Ende des Seminars von mir ein Handout mit allen Informationen erhalten.« (Nun hast du alle Eulen im Raum auf deiner Seite.) »Außerdem ist es mir ganz besonders wichtig, dass wir als Gruppe zusammenarbeiten, um euch ein gutes Gefühl zu geben, wenn ihr das Template das erste Mal live anwendet.« (Damit bist du auf die Bedürfnisse der Wale eingegangen.)

Schreib hier das W.H.I.D. für dein Thema auf und hol alle Menschentypen damit ab:

6. Earn the right

Wahrscheinlich hast du schon ungeduldig auf den Moment gewartet, in dem du endlich als Experte auftreten kannst. Was gibt dir das Recht, vor der Gruppe über genau dieses Thema zu sprechen? Jetzt sind zunächst Zahlen, Daten und Fakten gefragt, um direkt im Anschluss wieder durch deine persönliche Seite Nähe zum Publikum aufzubauen.

Früher dachte ich übrigens, dass die linke Gehirnhälfte für die rationalen und die rechte Hälfte für die emotionalen Belange zuständig ist. Dieser Ansatz ist jedoch mittlerweile überholt. Man kann die beiden Gehirnhälften gar nicht vollkommen isoliert voneinander betrachten: Sie funktionieren vielmehr als System, das eher gemeinsam als getrennt voneinander benutzt wird.[3]

Durch die Vernetzung möglichst vieler Gehirnregionen verknüpfst du die Bereiche Logik und analytisches Vorgehen mit den Bereichen Intuition, Gefühle und Fantasie. Im Ergebnis sollten möglichst viele Sinne bei deinem Publikum aktiviert werden. So bleibt es wach und aufmerksam und möchte auch weiterhin gebannt deiner Rede lauschen. Viel wichtiger noch: Du bleibst in Erinnerung!

Wie kann ein »Earn the right« (ETR) nun ganz konkret aussehen? Zunächst sollte es unbedingt zum Thema passen. Wenn du beispielsweise über Immobilien sprichst, wird die Info über dein Biologie- oder Psychologiestudium wohl kaum deinen Expertenstatus untermauern.

Ich gebe dir ein Beispiel, das ich zu Beginn des »Speaking Performance Practitioners« nutze:

»Seit über zwei Jahrzehnten habe ich als Trainer und später als Speaker tausende Seminartage gegeben und live vor Hunderttausenden gesprochen. Kleine Gruppen von 20 Personen bis zu 15 000 Menschen in der

---

[3] https://www.galileo.tv/science/die-einteilung-in-rechte-und-linke-gehirnhaelfte-ist-ueberholt/

Lanxess Arena waren dabei. Mit diesen Reden konnte ich online ein Millionenpublikum erreichen und zudem mehrere Millionen Euro Umsatz generieren. Meine absolute Passion liegt allerdings darin, andere Menschen auf die Bühne zu bringen, denn ich glaube, jeder Mensch hat eine Geschichte zu erzählen.«

Kannst du erkennen, welche Gehirnhälfte ich jeweils angesprochen habe?

Ein weiteres Beispiel:

»In 20 Jahren habe ich als Pilot über 10 000 Starts und Landungen durchgeführt und mehr als 100 000 Menschen sicher um den Globus geflogen. Nun liegt mir sehr viel daran, dieses Wissen an andere Menschen weiterzugeben und sie für das Fliegen zu begeistern.«

Mach dir jetzt ein paar Notizen zu deinem »Earn the right«:

7. Dein Warum

Jetzt kommen wir zum Kernstück der Vorstellung und zum wichtigsten Punkt überhaupt: deiner Geschichte.

In diesem Moment hängen deine Zuhörer schon gebannt an deinen Lippen. Nun hast du die Möglichkeit, den Rahmen für alles zu setzen, was kommt. Trau dich ruhig, deine Maske abzunehmen und Gefühle zu zeigen. Zeig, warum dir gerade dieses Thema so am Herzen liegt.

Ich beginne diesen Teil immer mit folgendem Satz: »Ich möchte euch eine Geschichte erzählen«, und während ich das sage, verändere ich meine Position im Raum. Oft setze ich mich auf einen Stuhl oder auf den Bühnenrand, um für noch mehr Aufmerksamkeit zu sorgen. Dies nennt man im Fachjargon »Stage Changing«.

Wichtig ist, während der Geschichte nicht in der aufkommenden Emotion zu schwimmen, sondern nur kurz mit dem Fuß einzutauchen.

Hier ein persönliches Beispiel:

»Es gab eine Zeit in meinem Leben, an die ich nur sehr ungern zurückdenke. Ich war etwa zwölf Jahre alt und in eine Glaubensgemeinschaft hineingerutscht, in der mir der Kontakt zu Menschen außerhalb der Gemeinde verboten war; insbesondere der Kontakt zu Mitschülern und so weiter war absolut tabu. Verstöße wurden hart bestraft.

Es war an einem sehr heißen Tag im Hochsommer und ich erinnere mich daran, als wäre es gestern gewesen. Etwa 200 Gemeindemitglieder saßen auf Bänken in einem Raum, es war schwül und an der Decke surrten große Ventilatoren aus Holz. Auf der Bühne stand ein angeleuchteter Stuhl, auf dem die Sünder Platz nehmen mussten.

Ich bekam es mit der Angst zu tun und Schweißperlen rannen über mein Gesicht. ›Wir haben gehört, du hattest Kontakt zu Schulkameraden außerhalb der Gemeinschaft‹, eröffnete ein Gemeindemitglied die Anklage gegen mich.

Jemand hatte mich verpetzt und nun ging es los. Ich musste mich auf den Stuhl setzen und blickte in die wütenden Gesichter der Anwesenden, die sich erhoben, um mich anzuschreien. In diesem Moment habe ich eine Entscheidung getroffen: Wenn dieser Albtraum vorbei ist und ich eines Tages hier rauskomme, lasse ich mir nie mehr den Mund verbieten. Ich werde laut meine Meinung sagen und anderen helfen, ihre Stimme zu finden und für etwas einzustehen. Deshalb bin ich Speaker geworden!«

Eine solche Ansprache ist natürlich nur wirkungsvoll, wenn sie der Wahrheit entspricht. Du musst dein Warum kennen, deinen Antrieb, heute hier zu stehen. Was ist dein Beweggrund und wie ist er zu deinem persönlichen Thema geworden?

Was ist dein Warum? Denk darüber nach, warum dieses Thema dich so bewegt, dass du heute darüber sprichst. Du wirst während deiner Reflexion merken, dass diese Positionierung nicht nur Auswirkungen auf dein Publikum hat. Du wirst dabei auch deinen Antrieb und dein Feuer spüren. Dadurch kannst du dich noch exakter auf dein Ziel fokussieren.

1 Scan the room
2 Zwei Fragen
3 Name & Thema
4 Danke!
5 W.H.I.D
6 Earn the Right
7 Dein Warum

NIEMAND KRITISIERT
DAS MAGISCHE TEMPLATE

Zoomen

Wie mit dem Objektiv einer Kamera kannst du auch in eine Geschichte hinein- und wieder herauszoomen, um die Situation für die Zuschauer noch intensiver erlebbar zu machen.

Hier ein Beispiel ohne Zoom:

»Mein kleiner Sohn Emil fragte mich im Urlaub, was Fische denn essen würden, und ich antwortete ihm: ›Wahrscheinlich Algen oder so etwas.‹ Er zeigte aufs Meer und sagte: ›Schau Papa, die essen das hier‹, und das Einzige, was ich sah, war eine Insel aus Plastikmüll.«

Hier ein Beispiel mit Zoom:

»Im letzten Thailand-Urlaub lief ich mit meinem kleinen Sohn Emil, der mir damals mit seinen zwei Jahren gerade bis zur Hüfte ging und immer ein hellblaues Käppi trug, Richtung Meer. Eine alte braune Holztreppe mündete dort ins Wasser und über den Stufen schwammen winzig kleine Fische, die wir Treppenfische tauften. Es wurde unser Morgenritual, diese Fische zu besuchen, und niemals werde ich eine Situation vergessen, die meine Einstellung zum Thema Ozean für immer verändern sollte. Eines Tages fragte mich Emil, der durch das Loch eines Mäuerchens schauen konnte: ›Papa, was essen Treppenfische?‹ ›Algen oder so etwas‹, antwortete ich. In dem Moment zog der kleine Mann mich nach unten, sodass ich seinen Blickwinkel einnehmen konnte, und zeigte auf einen Berg von Plastikmüll, der auf dem Meer hin und her schwappte. Von Reifenteilen bis zu Plastiktüten war alles genau zu erkennen. ›Ich glaube, die essen das, Papa, es ist so schön bunt‹, rief der kleine Kerl. Ich bekam eine Gänsehaut, und Tränen schossen mir in die Augen.

In dem Moment habe ich eine Entscheidung getroffen: Ich muss Verantwortung übernehmen, um meinen Kindern ein Vorbild zu sein, und dabei helfen, die Meere zu retten. Seit diesem Tag haben mein Team und ich viele Tausende Euros an The Ocean Cleanup gespendet.«

Ich kann dir gar nicht oft genug sagen, wie kraftvoll es ist, einen Farbkasten zu nehmen und Bilder in den Köpfen deiner Zuschauer entstehen zu lassen. Es ist wie Magie: Wenn du dieses Tool beherrschst, wirst du merken, wie die Aufmerksamkeit deiner Teilnehmenden plötzlich zu 100 Prozent bei dir ist.

Verletzlichkeit

Hab keine Angst davor, dich vor einer Gruppe verletzlich zu zeigen und ehrliche Emotionen zuzulassen. Denn genau das ist der Punkt, an dem sich in der Rednerszene die Spreu vom Weizen trennt. Wenn dein Publikum dich fühlt und nicht nur hört, hast du schon gewonnen; ehrliche Emotionen machen dich für andere unwiderstehlich. Mit diesem Thema haben sich viele namhafte Autoren beschäftigt. Brené Brown spricht beispielsweise davon, wie sehr wir Verletzlichkeit an anderen schätzen und wie ungern wir uns selbst verwundbar zeigen.[4] Die wichtigste Message in diesem Zusammenhang lautet: Hör auf, perfekt sein zu wollen, denn das ist auf der Bühne (und im Leben) in höchstem Maße langweilig.

Maske runter – Menschlichkeit rauf. Unsere Gesellschaft ist es so leid, öde Powerpoint-Schlachten über sich ergehen zu lassen. Wir wollen echte Menschen mit echten Gefühlen sehen und keine Roboter. Und dafür eignen sich gute, am besten selbst erlebte Geschichten viel besser als ausschließlich Fakten. Es heißt ja nicht umsonst »Facts tell, stories sell«.

Allen großen Speakern gelingt es, Menschen so in ihren Bann zu ziehen, dass diese jedes ihrer Worte nachempfinden können. Wie das geht? Nun, sie zeigen sich verletzlich. Sie zeigen sich so, wie sie sind. Die meisten Menschen fürchten sich davor, weil sie glauben, das sei ein Zeichen von Schwäche. Doch das Gegenteil ist der Fall. Verletzlichkeit ist die geheime Zutat, die deine Rede zur Rede deines Lebens macht.

---

[4] In ihrem Buch »Die Gaben der Unvollkommenheit«

Performance

Nun geht es rein in die Situation – also rauf auf die Bühne. Es gibt so viele Aspekte, die deinen Auftritt top oder zum Flop machen können. Aber keine Angst: Für so gut wie jeden hat ein Top-Speaker ein Rezept und wenn du jedes davon verinnerlicht hast, kann dir fast nichts mehr passieren.

Wirkung

Weißt du, welchen riesigen Anteil die Körpersprache an der Wirkung deiner Präsentation hat? Experten sprechen von über 75 Prozent. Es ist also auf jeden Fall sinnvoll, in voller Pracht vor dein Publikum zu treten und niemals hinter einem Rednerpult oder einem Tisch zu verschwinden. Das war vielleicht in den 1970ern modern. Heute geht es darum, eine gewisse Nähe zum Publikum aufzubauen, anstatt Abstand zu halten.

Das wichtigste Instrument für Nähe hast du übrigens schon dabei. Das ist dein Lächeln. Auf der Bühne ist ein freundliches Gesicht wirklich sehr wichtig, denn es nimmt dir und dem Publikum den Stress.

Hier ein Beispiel für den Beginn eines Vortrages:

Am besten stellst du dich zunächst mit beiden Beinen fest auf den Boden, um sofort den richtigen Standpunkt zu finden.

Ich rate dir, dich aus dieser Position heraus möglichst natürlich zu bewegen und ganz normal zu laufen, so wie du es außerhalb der Bühnen- oder Seminarsituation auch tun würdest.

Um noch mehr Offenheit zu vermitteln, kannst du deine Handinnenflächen zeigen und sie seitlich oberhalb der Hüfte platzieren; dann kannst du mit den Händen in die natürlichen Bewegungsabläufe einsteigen, so, als würdest du einem Kind eine spannende Geschichte erzählen.

Das braucht etwas Übung und fühlt sich zunächst komisch an. Aber du weißt ja: Es geht nicht um dich, sondern um dein Publikum. Achte unbedingt auf natürliche Bewegungsabläufe; wenn du einen großen Bewegungsdrang hast, darfst du diesen auch auf der Bühne ausleben.

Bist du in Bezug auf deine Körpersprache eher zurückhaltend, musst du es auch hier nicht übertreiben. Viele Menschen lernen mit den Augen, das darfst du mit deinem ganzen Körper und deinem schönsten Lächeln unterstützen.

Auf dem nächsten Bild kannst du gut erkennen, wie ich mich durch meine Gestik öffne. Außerdem halte ich einen großen, bunten Marker in der Hand. Was es damit auf sich hat, erfährst du später.

© Patrick Reymann

Auch wenn dir der folgende Tipp etwas verrückt vorkommt: Mir hilft er wunderbar. Damit ich immer daran denke, meine Hände zu öffnen, stelle ich mir vor, in jeder meiner Handinnenflächen sitze eine übergewichtige und äußerst grimmige Fee. Und immer, wenn ich meine Handinnenflächen nach unten drehe, wird die Fee wütend und hackt mit ihrem Zauberstab in meine Hand. Da das sehr schmerzhaft sein kann, lasse ich meine Hände offen!

Vielleicht fragst du dich, warum ich so viel Wert auf die Körpersprache lege. Nun, das hat mit einem der am meisten unterschätzten Punkte unserer Branche zu tun. Wenn du möchtest, dass Unternehmen dich buchen, oder wenn es dein Ziel ist, die beste Rede deines Lebens zu halten, kommt es nicht nur darauf an, wie und wo du auf der Bühne stehst. Es zählt vor allem, wie du auf andere wirkst. Nur wenn deine Zuschauer dich von Beginn an positiv bewerten – und ja, wir bewerten andere Menschen andauernd –, hast du die Möglichkeit, mit deinem Vortrag zu punkten. Gelingt dir das nicht, werden einige Menschen konstant nach Fehlern an dir und deiner Rede suchen.

Der Halo-Effekt

Nein, es liegt kein Rechtschreibfehler vor, das zweite »l« wäre beim »Halo-Effekt« tatsächlich eins zu viel. Das Wort »Halo« stammt aus dem Griechischen; im Englischen bedeutet es übersetzt »Heiligenschein«. Was aber ist der Heiligenschein-Effekt? Zunächst einmal ist er ein psychologisches Phänomen, das uns veranlasst, von den dominanten Eigenschaften oder Merkmalen einer Person – die wir entsprechend schnell wahrnehmen – auf unbekannte zu schließen, ohne dass es dafür eine verlässliche Grundlage gibt. Klassisches Beispiel: Eine Person, die sehr gut aussieht, wird oft automatisch für intelligent und gesellig gehalten. Sie bekommt also eine Art Vorschusslorbeeren. Das funktioniert allerdings auch im umgekehrten Fall, wenn der Eindruck ein negativer ist. Und hier kommt dein Auftritt ins Spiel.

Menschen machen sich schnell ein Bild voneinander und reimen sich, daraus resultierend, ganze Geschichten über ihr Gegenüber zusammen – also auch über dich. Eine solche Geschichte muss nicht unbedingt viel mit der Wirklichkeit zu tun haben, aber sie bleibt haften. Du solltest dir also den Halo-Effekt besser zunutze machen, statt ihn gegen dich arbeiten zu lassen.

Erinnere dich daran, wie du zum letzten Mal einen Menschen kennengelernt hast, und überlege:

- Wie sah dieser Mensch aus?
- Wie war seine Körperhaltung?
- Was hatte er an?

Wenn du jetzt ein klares Bild vor Augen hast, bin ich mir sicher, dass dein Gehirn dir in diesem Augenblick noch viel mehr über diese Person erzählt hat. Denn das ist es, was unser Gehirn zuweilen macht: Es erzählt uns Geschichten. Und zwar aus einem guten Grund. Unbewusst will das Rechenzentrum in unserem Kopf immer so viel wie möglich über eine andere Person wissen. So will es abwägen, ob von dieser neuen Bekanntschaft eine Gefahr ausgeht oder ob sie uns freundlich gesonnen ist. Knapp formuliert: Freund oder Feind?

Wenn wir uns nun ein Bewertungssystem mit einer Skala von 1 bis 10 vorstellen, dann reicht die Bewertung des ersten Eindrucks, den wir von einem Menschen haben, von »1« (ausschließlich negativ) bis »10« (ausschließlich positiv).

Eines steht fest: Es gibt keine zweite Chance für den ersten Eindruck. Unser Unterbewusstsein speichert die erste Begegnung mit folgender Information ab: Wie die Person diese eine Sache im Leben macht, so macht sie alle. Was bedeutet das also für uns als Speaker? Frag dich zunächst:

- Willst du Folgeaufträge haben?
- Willst du gute Rezensionen?
- Willst du, dass dein Publikum dir vom ersten Moment an gespannt zuhört und an deinen Lippen hängt?

Wenn du diese Fragen mit »Ja« beantwortet hast – und davon gehe ich aus –, ist ein positiver erster Eindruck für dich essenziell. Und dieser baut sich schon ab dem Moment auf, in dem du am Veranstaltungsort aus dem Zug oder dem Auto steigst, also lange bevor dein Auftritt tatsächlich stattfindet. Dein Ziel: der perfekte erste Eindruck.

Wenn du dann bei deinem Auftritt von Anfang an hoch punktest, bist du deinen Teilnehmenden sympathisch und steigerst so deine Glaubwürdigkeit. So erreichst du die Menschen in deinem Publikum leichter und sie spüren, wenn überhaupt, eine wesentlich schwächere Abwehr. Wenn du hingegen mit einer sehr niedrigen Bewertung startest, wirst du deine Teilnehmenden nur mit sehr viel Mühe davon überzeugen, dass deine Inhalte viel besser sind als deine Ausstrahlung.

Erinnere dich daran: Der Rahmen ist wichtiger als der Inhalt. Die Art und Weise, wie du wirkst, ist Teil des Rahmens, denn du bist der Rahmen deines Themas.

Überprüfe doch selbst den Eindruck, den du auf der Bühne bietest:

- Sieht man deiner Kleidung an, dass sie vor Monaten das letzte Mal in der Reinigung war? Oder ist alles picobello?
- Senden deine Mimik und deine Körperhaltung die Botschaft, dass du eigentlich gar keine Lust hast, hier zu sein? Oder stehst du aufrecht da und hast ein Leuchten in den Augen?
- Lächelst du? Bist du jedem gegenüber freundlich und respektvoll oder gilt das nur für die Menschen, die für dich wichtig sind?
- Interessierst du dich für andere und hast für jeden ein offenes Ohr?
- Wie bewegst du dich? Auf welchem Level ist deine Energie? Gibst du schon vor dem eigentlichen Auftritt 100 Prozent?

Ich gebe zu, das ist verdammt anstrengend. Doch lass mich dir eines sagen: Wenn du wirklich die Rede deines Lebens halten willst, dann muss die »10« deine neue Lieblingszahl sein! Meiner Erfahrung nach wird bei Menschen, die einen intensiven, positiven ersten Eindruck hinterlassen, wesentlich weniger nach inhaltlichen Fehlern gesucht. Das funktioniert allerdings auch umgekehrt.

Überleg dir, wer bei dir schon einmal einen überaus positiven Eindruck ausgelöst hat und was du von dieser Person übernehmen kannst:

Um eine »10« zu erreichen, gibt es ein paar gute Mittel.

Allgemein:

- Lächeln
- Offene Handgesten
- Saubere, gepflegte Kleidung
- Aufeinander abgestimmte Farben
- Saubere Schuhe
- Gepflegte Hände

Bei Frauen zudem:

- Dezentes Make-up
- Dezenter Schmuck

Um eine »1« zu erreichen, gibt es allerdings auch ein paar gute Mittel – beziehungsweise No-Gos:

- Körpergeruch
- Mundgeruch
- Ungepflegte Hände
- Rauchen
- Ungeputzte Schuhe
- Unmodische Kleidung

Aus meiner Erfahrung gibt es noch etwas, das deinen gesamten Auftritt ruinieren kann, und das sind Fake-Produkte. Wenn irgendjemand, der sich auskennt, mitbekommt, dass deine Uhr oder deine Tasche nicht echt ist, kannst du einpacken. Denn was sagt es über dich aus, gefälschte Produkte zu tragen? Dass du mehr zu sein scheinst, als du bist.

Mein Tipp: Eine gute Uhr für den Herren und eine hochwertige Handtasche für die Dame und schon hast du einen Fuß in der Tür. Und ja, Menschen sind oberflächlich. Aber wenn du Top-Gagen bekommen möchtest, darfst du auch dementsprechend auftreten. Warum? Wegen des Halo-Effekts.

ACHTUNG: Einige Menschen versuchen, ihre Bewertung künstlich in die Höhe zu treiben, indem sie für fünf Minuten den Innenraum eines Privatjets mieten oder sich für Unsummen mit einem Promi fotografieren lassen. In anderen Kulturen mag das funktionieren, aber im deutschsprachigen Raum geht es um ein solides Fundament, seriöse Referenzen von Einflussgebern und ein fundiertes Wissen über dein Thema.

Wir brauchen keine Schaumschläger, sondern Menschen, die sich in den Dienst anderer stellen und ihre Mitmenschen groß machen wollen. Langjährige stabile Beziehungen zu Personen aus der Wirtschaft helfen dir immens, ein langfristiges Businessmodell aufzubauen. Es gibt auf dem Weg zum Erfolg keine Abkürzung und ich kann dir nur wärmstens empfehlen, Fußstapfen anstatt Staub zu hinterlassen.

Warum? Der Rednermarkt im deutschsprachigen Raum ist sehr eng vernetzt und wenn du auf die großen Plattformen wie Greator (GEDANKENtanken) oder TED möchtest, zählen nur zwei Dinge: messbare Ergebnisse und Referenzen aus unserem Kulturkreis.

Achte also stets darauf, wie du vor dein Publikum trittst. Verschenke nie die wertvolle Kraft des ersten Eindrucks.

Command Mode: Du bist der Chef im Ring

Als Seminarleiter oder Speaker sind von dir jederzeit 100 Prozent Präsenz gefragt, das ist enorm wichtig. Dazu gehört es auch, klare und verständliche Kommandos an die Gruppe zu geben. Wie hört sich zum Beispiel das für dich an?

»So, und jetzt wäre es sehr gut, wenn sich jeder bitte von seinem Platz erhebt und sich eine Person sucht, um die nächste Aufgabe mit ihr anzugehen.«

Sei ehrlich: Würdest du nach dieser Aufforderung direkt aufstehen und dir jemanden suchen? Gut, wenn wir ehrlich sind, würdest du es wahrscheinlich schon tun, da du selbst Speaker, Trainer oder Coach bist und weißt, welchen Mehrwert gewisse Übungen für dich haben können.

Doch wie sieht es mit der Mehrheit der Menschen aus, die nicht in unserer Szene zu Hause sind? Oftmals machen wir mit Teilnehmenden Übungen, die außerhalb ihrer Komfortzone liegen – die sie fordern und die komplett neu für sie sind.

Wie würdest du dich wohl fühlen, wenn du einem Anführer ins Ungewisse folgen sollst und er bei der Aufforderung dazu selbst einen unsicheren Eindruck macht? Nicht sehr sicher, oder? Du würdest vermutlich zweifeln oder zumindest zögern.

Wenn schon der Anführer nicht voller Vertrauen und Zuversicht ist, dass er und die Menschen, die ihm folgen, gestärkt aus dieser Ungewissheit hervorgehen, wer soll es dann sein? Wer soll den Menschen diese Sicherheit vermitteln?

Um solche Unsicherheiten gar nicht erst aufkommen zu lassen, solltest du dir den sogenannten Command Mode aneignen. Wer sich sprachlich im Command Mode bewegt, formuliert Anweisungen so deutlich, dass sie sofort Struktur und Klarheit bringen sowie Entschlossenheit ausstrahlen. Das hat nichts mit Respektlosigkeit oder einem rauen Ton gegenüber den Teilnehmenden zu tun. Es bedeutet lediglich, dass Anweisungen klar und direkt und nicht vage formuliert werden.

Vor allem, wenn es um Übungen geht, ist das Beherrschen des Command Mode extrem wichtig. Nur so kannst du deinen Teilnehmenden einen sicheren Rahmen für die meist ungewohnten Übungen geben.

Jetzt kannst du den Command Mode üben. Achte darauf, immer laut und deutlich zu sprechen und deinen ganzen Körper durch seine Bewegung mitsprechen zu lassen.

- »Uuuuuuund aufstehen bitte!«
- »Uuuuuuund STOPP!«
- »Gib deinem Nachbarn ein High Five und sage … !«
- »Die Pause geht bis Punkt 11 Uhr. Bis wann geht die Pause?« – »Danke!«
- »Ihr teilt euch JETZT in Gruppen mit jeweils fünf Personen auf!«
- »Finde JETZT einen Partner!«

Diese Technik lässt sich darüber hinaus für Situationen wie die folgende einsetzen: Ich habe für meine Teilnehmenden ein Geschenk, in diesem Beispiel ein E-Book; der dazugehörige Code, mit dem sie sich das Buch herunterladen können, wird auf einer Leinwand angezeigt. Nun sage ich nicht: »Wenn ihr dann Lust habt, könnt ihr euer Handy rausholen und ein Bild davon machen.« Nein, ich gehe bei einem solchen Call-to-Action direkt in den Command Mode und sage: »Nehmt jetzt euer Handy heraus, fotografiert den Promocode ab und ladet euch noch heute Abend euer Geschenk herunter.« (Was es mit dem Geschenk sonst noch auf sich hat und warum es sich dabei um einen sehr cleveren Schachzug handelt, erkläre ich später.)

Meiner Beobachtung nach steigt die Handlungsquote durch den direktiven Charakter der Aufforderung um 60 Prozent an.

Achte darauf, dass du trotz deiner bestimmenden Ansage immer freundlich und respektvoll klingst. Wenn du die Command-Mode-Methode richtig anwendest, werden deine Zuhörer dir und deinen Aufforderungen vertrauensvoll folgen.

Verpisserwörter meiden

Kennst du auch Menschen, die fast immer im Konjunktiv sprechen und außerdem noch zig Füllwörter verwenden?

»Nun ja, ähm … man müsste eigentlich eventuell mal mehr in Weiterbildung investieren.«

Ohne derartige Verpisserwörter klingt dieser Satz so: »Ich investiere Geld in Weiterbildung.«

Es ist ein Zeichen von Unprofessionalität beziehungsweise Inkompetenz, wenn du als Sprecher nicht klar und stark kommunizieren kannst. Hier eine Auswahl der Wörter, die ab heute aus deinem Wortschatz verschwinden:

- könnte
- sollte
- würde
- müsste
- hätte
- möchte
- eventuell
- mal
- eigentlich etc.

Das für mich schlimmste Verpisserwort ist jedoch das Pronomen »man«. Schlimme Kombi: »Man müsste mal.« Wer soll denn »man« sein? Du vielleicht? »Man« verallgemeinert, »man« klingt vage und »man« ist unkonkret. Das alles bist du nicht, wenn du erfolgreich als Sprecher arbeiten möchtest.

Bitte lerne, »man« durch »ich« zu ersetzen, und es werden sich neue Welten für dich auftun.

Ich möchte dir noch einen Tipp geben, wie du die ungeliebten »Ähms« aus deinen Reden verbannen kannst. Es ist so einfach, dass ich anfangs skeptisch war. Doch dann habe ich den Tipp selbst ausprobiert und siehe da, von da an sind die »Ähms« nie wieder aufgetaucht.

Also: Wenn du das nächste Mal einen Satz beendest und dir gegebenenfalls das erste Wort des Folgesatzes nicht einfällt, lass einfach den Mund zu und atme. Halte den Mund einen Moment lang geschlossen und ertrage die kurze Pause und die Stille. Dieses Vorgehen ist übrigens auch ein kraftvolles Tool, um deiner Rede mehr Gewicht zu geben.

Am besten kannst du übrigens an deiner Sprachkompetenz arbeiten, indem du zukünftig die vier bis fünf Bücher, die du im Monat liest, laut vorträgst. Vier bis fünf Bücher? Ja, als Speaker ist das dein neuer Standard.

Welche Verpisserwörter haben sich in deinem Wortschatz versteckt und müssen verschwinden?

Die Ente

Wir Deutsche haben ja leider einen Hang zum Perfektionismus. In diesem Kapitel möchte ich dir die Angst nehmen, Fehler zu machen, und dich ermutigen, einfach mal zu starten. Ich selbst bin damit immer gut gefahren. Das zeigt auch die folgende Geschichte.

Nach dem Zusammenbruch meines Telekommunikationsvertriebs im Jahr 2005 bekam ich mein erstes Angebot als Trainer bei einem der größten deutschen Anbieter für DSL. Nach einem langen Weg durch das Tal der Tränen wurde ich endlich wieder produktiv. Meine Aufgabe:

Für einen Tagessatz von 600 Euro sollte ich die Kundenberater im Verkauf trainieren. Das war damals ein Vermögen für mich und ich machte mich sofort an die Arbeit – und der Erfolg kam. Eines Tages klingelte das Telefon und ich wurde gefragt, ob ich daran interessiert sei, ein Training in einem Restaurant durchzuführen.

Ich stellte dem Anrufer ein paar Fragen. Das Unternehmen hatte seinen Sitz in Bonn. Dort sollte ich mein Programm vorstellen. Ein Blick in meinen Kalender verriet mir, dass ich am kommenden Wochenende ohnehin zum 40. Geburtstag eines Freundes nach Köln eingeladen war, und so beschloss ich, von dort aus am Montag darauf gleich weiter nach Bonn zu fahren. Nun, der Geburtstag verlief etwas anders als geplant und artete in ein Gelage aus. Leider hatte ich nur eine lange Hose dabei und diese war nach der Party für das Vorstellungsgespräch nicht mehr zu gebrauchen. Ich musste mit einer geliehenen kurzen Sporthose nach Bonn fahren und wirklich fit war ich nach diesem Wochenende auch nicht.

Ich betrat also in kurzer Hose und ziemlich verkatert den Hauptsitz von Vapiano in Bonn, ohne irgendetwas über das Unternehmen in Erfahrung gebracht zu haben. An der Kasse des Restaurants fragte ich nach der Person, die mich eingeladen hatte, und bekam zur Antwort: »Ach, Sie wollen zu unserem CEO? Der sitzt in der zweiten Etage.«

Meine Entgegnung überraschte die Dame an der Kasse, denn ich sagte: »Sie haben einen CEO im Restaurant? Dann brauchen Sie wirklich Beratung.« Entgeistert brachte mich die junge Frau zum Fahrstuhl und ich fuhr nach oben. Dort begrüßte mich ein roter Teppich und eine weitere Mitarbeiterin fragte mich, ob ich zum Trainercasting gekommen sei. »Trainercasting … ähm, ja«, stotterte ich.

Ich wurde in einen Raum gebracht, in dem acht andere wie aus dem Ei gepellte Kandidaten mit Laptop und Präsentationsmappen bewaffnet auf ihren Auftritt warteten. Eine junge Frau neben mir sagte: »Wenn ich diesen Auftrag bekommen würde, wäre das der absolute Wahnsinn. Vapiano hat über 2 000 Mitarbeiter und die suchen jemanden, der alle trainiert.«

Mir ging allmählich auf, dass es sich bei dem Unternehmen wohl doch nicht um ein kleines italienisches Restaurant handelte. Doch bevor ich mich sammeln konnte, betrat die Mitarbeiterin erneut den Raum und sagte: »Wir machen das Casting in alphabetischer Reihenfolge und beginnen mit ...« – du ahnst es vielleicht schon – »... Frau oder Herrn Beck.« Mein Herzschlag setzte einen Moment aus. In kurzer Hose und komplett unvorbereitet betrat ich den Raum. Dort saßen wie beim »Supertalent« drei Herren hinter einem Tisch und warteten auf meinen Auftritt.

Vor ihnen standen Schilder mit den Aufschriften CEO, CFO und COO. Der Einzige, der mich von einem Auftritt aus meiner Telekom-Zeit kannte, war der CEO. Dieser lächelte mir freundlich zu, während die anderen beiden eher damit beschäftigt waren, meine kurze Hose zu mustern, die mich bestimmt fünf Punkte in Sachen »erster Eindruck« kosteten, denn weder mein Shirt noch meine Schuhe passten dazu.

»Haben Sie eventuell ein Flipchart und ein paar Stifte?«, fragte ich kleinlaut. Der CFO verdrehte kurz die Augen und kam nach ein paar Minuten mit den gewünschten Utensilien zurück.

Jetzt kam meine Chance und ich beschloss, sie zu nutzen: »Kennen Sie Enten?«, fragte ich die verwunderte Jury. Der CEO nickte, die beiden anderen zeigten keinerlei Reaktion. »Enten sind faszinierende Tiere«, fuhr ich fort.

»Was wollen Sie uns damit sagen?«, erwiderte der CFO leicht genervt. »An der Wasseroberfläche wirken Enten vollkommen entspannt. Sie pflegen ihr Gefieder und gleiten scheinbar mühelos über das Wasser. Unter Wasser allerdings strampeln die Füßchen der Tiere wie verrückt. Denn sie müssen bei einem Angriff in Windeseile aus dem Wasser auftauchen und losfliegen können.«

»Und?«, sagte der COO. »Stellen Sie sich einmal vor, Ihre Mitarbeiter wären wie Enten. Immer top gepflegt, nach außen stets relaxed und ausgeglichen. Innerlich aber wären sie auf alles vorbereitet: Dank meiner Trainings wüssten sie genau, wann und wie sie Zusatzverkäufe realisieren können, sei es durch das leichte Kippen des Kopfes nach links kombiniert mit einem einladenden Lächeln, sei es durch die Anwendung des Tiermodells. Gleichzeitig wären sie auf alle möglichen Arten von Beschwerden vorbereitet, die sie charmant und selbstständig lösen würden. Wie hört sich das an, die Herren?«

»Wir melden uns bei Ihnen, Sie können gehen.« Das war das Einzige, was der CFO daraufhin zu mir sagte. Zwei Tage später bekam ich einen Anruf des CEO. »Sie haben den Job«, sagte er – der Rest ist Geschichte.

Jahre später fragte ich ihn, warum man sich gerade für mich entschieden hatte. Die Antwort lautete: »Du warst nicht normal. Und normal ist langweilig.«

Seitdem habe ich für Vapiano mehr als 400 Trainingstage inklusive einer Trainerausbildung und große Franchiseveranstaltungen in der Wüste von Katar und im Riesenrad von Wien realisiert.

Umgang mit Störern – VGZ

Es ist leider so: Du wirst es in deinen Vorträgen und Seminaren auch manchmal mit Störern zu tun bekommen. Und das geschieht meist genau in dem Moment, in dem du am wenigsten damit rechnest. Doch auch dafür gibt es einen guten Plan.

Zuerst einmal musst du dir die Frage stellen, warum diese Person stört. Dabei hilft es, sich anzusehen, um was für einen Menschentypen es sich bei dem Störer handelt. Hast du vielleicht vergessen, diese Person mit ihrer ganz eigenen Art zu denken abzuholen? Hast du zu viele Loops offen gehalten, sodass sie den Faden verloren hat? Bist du mit zu viel Druck anstatt mit Sog an deine Teilnehmenden herangegangen?

Es kann natürlich auch sein, dass du alles richtig gemacht hast und diese Person grundlos stört.

Aber was tun? Einfach ignorieren? Das ist wohl das Schlimmste, was du machen kannst. Führ dir einmal vor Augen, was diese Person gerade tut – ob bewusst oder unbewusst. Sie ist im Begriff, deinen Rahmen zu zerstören. Und wie du in diesem Buch immer wieder lesen kannst: Der Rahmen ist wichtiger als der Inhalt.

Wenn du den Menschen, der deine Veranstaltung stört, nicht beachtest, spürt er instinktiv, dass er Macht über dich hat, da du dich ihm nicht stellst und damit ausweichst. Das ist also der falsche Weg.

Ich stelle dir jetzt eine Technik vor, die mir schon oft in verschiedenen Situationen geholfen hat, beispielsweise bei Angriffen auf meine Person, mein Seminar oder die Firma, die ich gerade vertrete.

Ich lade dich ein, ab sofort die VGZ-Methode anzuwenden. Was aufgrund der drei Buchstaben ziemlich rätselhaft und geheimnisvoll klingt, ist in Wirklichkeit unglaublich simpel. Die drei Buchstaben stehen für die folgenden Schritte: 1. Vergangenheit, 2. Gegenwart, 3. Zukunft.

Zunächst einmal leitest du deine Reaktion auf den Menschen empathisch ein und begibst dich verbal auf Augenhöhe: »Ich kann dich sehr gut verstehen.«

- Nun gehst du in die Vergangenheit (1.) – und zwar in deine: »Mir ist es mal ähnlich wie dir gegangen.« Und dann erzählst du eine entsprechende Begebenheit aus deinem Leben.
- Daraufhin kehrst du zurück in die Gegenwart (2.): »Heute bin ich anderer Meinung.« Oder: »Meine Meinung hat sich jedoch geändert.«
- Anschließend lenkst du die Aufmerksamkeit des Störers in die Zukunft (3.): »Gib mir ein paar Minuten Zeit.«

Mit diesen drei Schritten stimmst du deinem Gegenüber zunächst zu, du lenkst ein und stellst eine Verbindung zu ihm her. Dann bereitest du die Öffnung seiner Perspektive vor, indem du ihm erklärst, dass eine Erfahrung dich dazu gebracht hat, deine Sichtweise zu ändern. Schließlich bietest du ihm eine Lösung an: Schon in wenigen Augenblicken kann es ihm ganz ähnlich gehen wie dir. Um die erlösende Perspektive abzurunden, bietest du deinem Kritiker Folgendes an: »Wenn danach noch Fragen offen sind, können wir sie gerne in der Pause klären. Bist du damit einverstanden?«

Ein Beispiel: Nehmen wir einmal an, du besuchst den »Speaking Performance Practitioner«. Ich habe gerade begonnen, die VGZ-Methode zu erläutern, aber du glaubst mir kein Wort, weil du völlig andere Erfahrungen gemacht hast. Du sagst: »Das kann nie im Leben so einfach sein, das glaube ich nicht. Das ist doch totaler Quatsch!«

Ich entgegne daraufhin: »Ich kann dich absolut verstehen, denn noch vor wenigen Jahren ging es mir genauso. Ich hielt Seminare und dachte immer, ich müsste spezielle Standardsätze zum Umgang mit Kritikern auswendig lernen, und ich hoffte die ganze Zeit, bei meinen Veranstaltungen niemals auf Störer zu treffen.« Damit hast du dein Gegenüber abgeholt und dich mit ihm auf eine Ebene begeben, von der aus es offen für eine andere Sichtweise ist.

Ich fahre fort: »Dann lernte ich von einem meiner Mentoren diese Technik und war sehr, sehr skeptisch. Ich probierte sie dennoch aus und sie funktioniert bis heute.«

Im dritten Schritt gehe ich auf die Lösungsebene: »Gib mir noch einen Moment, dann nenne ich dir ein paar ganz praktische Beispiele dafür, wie du diese Technik für dich nutzen kannst.« Damit stelle ich noch Redezeit in Aussicht. Nimm jetzt einmal kurz die Perspektive des Störers ein. Fallen dir zu meinen Ausführungen noch Gegenargumente ein?

Du übst mit dieser Methode keinerlei Druck aus. Du stellst dich vielmehr auf die Seite des Störers und erzeugst durch die Perspektivöffnung einen Sog, der ihn wiederum auf deine Seite zieht.

Diese Vorgehensweise hat noch einen weiteren Effekt: Du hältst ganz deutlich dein Ego klein. Das nehmen auch die übrigen Menschen im Publikum wahr, die sich so hinter dir positionieren werden. Und das spürt auch der Störer!

Erstell hier eine Liste mit den schlimmsten Angriffen, die du dir auf dich oder dein Konzept vorstellen kannst, und wende darauf die VGZ-Methode an. Dann bist du für den Ernstfall gewappnet.

Auch Pumuckl und Biene Maja ernten Kritik

Was ich dir jetzt schon versichern kann: Das, was du tust, wird nicht jedem gefallen. Menschen werden dich kritisieren, wenn du auf der Bühne stehst. Aber Menschen werden dich auch kritisieren, wenn du nicht auf der Bühne stehst. Du darfst dir also ein dickes Fell zulegen und musst wirklich für deinen Traum brennen. Das, was ich mir in den letzten Jahren anhören musste, konnte ich nur durch den Glauben an meine große Vision und dank des Rückhalts der Menschen, die mich lieben, ertragen. Je weiter du die Erfolgsleiter hinaufkletterst, desto mehr Wind bekommst du ab.

Das sind ein paar der Einwände und Angriffe, die ich mir schon anhören musste:

- »Sie sind viel zu jung, um hier Trainings zu geben.«
- »Sie haben ja keine Ahnung von der Materie.«
- »Uns wurde ein anderer Trainer versprochen.«
- »Von einer Saftschubse lasse ich mir doch nicht die Welt erklären.«
- »Das kann nicht so einfach sein.«
- »Das ist Bullshit.«

Schauen wir uns die verschiedenen Arten von Kritik an.

Kritik an deiner Person:

Menschen werden nach jeder kleinsten Schwäche und Unstimmigkeit bei dir suchen und dich damit offen konfrontieren. Einige Bemerkungen werden möglicherweise weit unter die Gürtellinie gehen. Doch du darfst nie vergessen, welche Knöpfe du mit deinem Auftritt, der vielleicht extrem provoziert oder ganze Lebensmodelle infrage stellt, bei anderen drückst.

Ich bekomme eine Menge, auch heftige Kritik über die diversen Online-Kanäle. Dafür habe ich mir eine Maxime zugelegt, die auch dir helfen kann. Vergiss niemals: Hate und Kritik kommen immer von unten nach oben!

Auch Pumuckl und Biene Maja ernten Kritik

Ich möchte dir zu diesem Thema eine Geschichte erzählen, die mich sehr bewegt hat. Wie du weißt, gehört es zu meinen Lebenszielen, so viele Menschen wie möglich auf die Bühne zu holen, damit sie mit authentischen Geschichten berühren und begeistern. Während jeder »Masterclass of Personality« gebe ich einer solchen Story Raum, und ein Nachwuchs-Speaker bekommt die Möglichkeit, zehn Minuten vor etwa 1 000 Menschen zu sprechen. In diesem Fall war es eine junge Frau, die als Flüchtling nach Deutschland gekommen war und alle mit ihrer Geschichte zutiefst rührte.

Bei dieser Veranstaltung setzten wir zum ersten Mal ein elektronisches Feedback-Tool ein. Die Auswertung war in diesem Fall überragend gut; dennoch brach die junge Frau nach der Veranstaltung in Tränen aus und fragte mich, ob ich das vernichtende Urteil schon gelesen hätte.

Eine von 1 000 Personen schrieb Folgendes: »Du bist nicht authentisch, kannst dich weder richtig schminken noch anständig anziehen. Am liebsten hätte ich den Raum verlassen. – Kitty999«

Die entscheidende Frage ist: Worauf konzentrierst du dich? Auf die eine Teilnehmerin, der dein Auftritt nicht gefallen hat, oder auf die anderen 999, die Feuer und Flamme waren? Ich nahm die mittlerweile sehr einflussreiche Sprecherin und erfolgreiche Youtuberin in die Arme, sagte ihr, wie mutig und besonders sie sei, und gab ihr einen Tipp: Krone richten, Lippenstift nachziehen und weitermachen!

Negative Feedbacks verletzen mich oft sehr. Doch dann beruhigt mich stets ein Blick ins Internet, wo ich mir mit meinen Kindern gerne die Stars meiner Kindheit ansehe: Pumuckl und die Biene Maja. Es ist nicht zu glauben, aber sogar diese harmlosen, liebenswerten Figuren haben Hater; sie bekommen immer mal wieder einen Daumen nach unten und ihre Auftritte werden kritisiert. Echt jetzt?

Selbst wenn du klein, niedlich und harmlos bist, wird es jemanden geben, der etwas an dir auszusetzen hat. Also kannst du auch gleich für deine Sache losgehen. Wenn die Kritik, die du erntest, keinerlei konstruktive Inhalte hat, vergiss sie so schnell wie möglich und konzentrier dich auf die Stimmen, die dich stark machen. Behalte bei verletzenden Kommentaren immer im Hinterkopf: Was Paul über Peter sagt, sagt mehr über Paul als über Peter.

Umgang mit Lampenfieber

Die Arbeit auf der Bühne wird dich künftig extrem fordern. Wenn du mich fragst, ist deine neue Profession Hochleistungssport – zumindest, wenn du in der Profiliga mitspielen möchtest. Du wirst sehr viel Stress aushalten und vor allem immer wieder mit neuen Situationen umgehen müssen, ohne dich jemals auf deinen Lorbeeren ausruhen zu können.

Immer wenn du vor eine Gruppe trittst, ist es wie beim ersten Date. Begriffe wie Routine und Gewöhnung gibt es nicht, denn du bist und bleibst stets in der Neukundengewinnung. Du musst jedes Mal, wenn du ins Scheinwerferlicht trittst, wach und konzentriert sein. Glaub mir, ich bin trotz aller Erfahrung immer noch vor jeder Performance total aufgeregt und kaum ansprechbar und danach nass geschwitzt bis auf die Unterhose!

Lampenfieber ist vollkommen normal. Sehr viele Menschen – laut einer Statistik ganze 41 Prozent – haben panische Angst, vor anderen zu sprechen.[5] Vermutlich wird dein Hirn dir (auch nach Jahren noch) sagen, dass du es besser lassen solltest. Aber wie du weißt, hat dein Gehirn nicht immer recht.

---

5 https://de.statista.com/statistik/daten/studie/258499/umfrage/die-haeufigsten-aengste-der-menschen/

Auch nach 15 Jahren auf der Bühne habe ich immer noch folgende Anzeichen für Lampenfieber:

- Schweißausbrüche
- Schlaflosigkeit
- Tunnelblick
- Gereiztheit
- Trockener Mund
- Zittern
- Kalte Hände

Es besteht also kein Grund zur Panik, wenn du nervös bist! Ich möchte dir hier ein paar meiner Strategien zeigen, die mir die Angst nehmen.

Ein Gefühl für den Raum bekommen

Wenn ich auf die Bühne gehe, bin ich grundsätzlich mindestens eine Stunde vor meinem Auftritt in der Halle oder im Raum und schaue mich genau um. Wie sieht es dort aus, wo werde ich stehen und wo befinden sich meine Zuschauer?

Sitzen die Teilnehmenden an Tischen? Das ist übrigens mein persönlicher Albtraum, denn Menschen haben die Tendenz, sich hinter Möbeln zu verstecken, und es ist sehr schwierig, dann eine Gruppendynamik aufzubauen.

Ich fahre meine Antennen aus und fühle auch die Atmosphäre im Raum. Das geht besonders gut, wenn schon jemand auf der Bühne steht und ich auf die Reaktionen im Raum achten kann:

- Wie reagieren die Teilnehmenden auf Ansprachen?
- Wie ist die Stimmung?
- Wird gelacht?
- Wie ist das Energielevel der Gruppe?
- Wie ist die Körpersprache der Teilnehmenden?

Dementsprechend weiß ich schon, mit welcher Energie ich auf die Bühne kommen muss. Mit anderen Worten: Muss ich auf das Gaspedal drücken oder auf die Bremse oder muss ich einfach nur das Tempo halten?

Energietankstellen

Ich halte immer nach Menschen Ausschau, die mir sympathisch und positiv gesonnen sind, und nutze sie als Fixpunkt für meine Energie im Raum. Wenn sich jemand leicht nach vorne beugt, lächelt und nickt, ist das ein Indiz für Zuneigung und die Vorstufe zur Begeisterung. Sobald ich solche Menschen entdecke, nehme ich schon vor der Keynote Blickkontakt zu ihnen auf und kann später immer wieder darauf zurückkommen. Das gibt mir Rückhalt und schafft Verbündete im Raum.

Musik

Vor meinen Auftritten höre ich immer meine persönlichen Power-Songs, auf die ich mich selbst konditioniert habe, um auf Knopfdruck in die richtige Stimmung zu kommen. Sobald ich die Kopfhörer aufsetze und meine Musik höre, beschleunigt sich mein Herzschlag und ich erreiche ein positives Energielevel.

Visualisierung

Bevor ich die Bühne betrete, hole ich Bilder vor mein inneres Auge und mache mir immer wieder bewusst, dass es nicht um mich geht und dass ich zum Dienen gekommen bin. Mein Ego lege ich bewusst zur Seite und stelle mir vor, wie das Publikum auf mich reagiert. Ich sehe lachende Gesichter, die Interaktion der Teilnehmenden und Standing Ovations am Ende des Auftritts. Vor allem komme ich dadurch ins Spüren, um gedanklich schon jetzt meine positiven Gefühle auf die Menschen zu übertragen.

Powermove

Nach meinem ersten Besuch bei Anthony Robbins vor über 20 Jahren habe ich mich auf eine Bewegung programmiert, die mich binnen Sekunden nochmals richtig pusht. Ich schlage mir selbst etwa zehn Sekunden vor meinem Auftritt kräftig vor die Brust. Dieser Powermove holt mich zu 100 Prozent ins Hier und Jetzt und setzt bei mir grenzenlose Energie frei.

Gedankenmüll wegschmeißen

Manchmal bringe auch ich eine Menge persönlicher Themen mit zu einem Event und bevor ich auf die Bühne gehe, muss ich den geistigen Abfall erst einmal loswerden. Dazu stelle ich mich breitbeinig hin, um einen guten festen Stand zu bekommen, und werfe mit meinen Armen und meinem ganzen Körper die negativen Gedanken sinnbildlich weg. Mir ist schon bewusst, dass Verdrängung nichts bringt. Auf der Bühne haben negative Bilder und Emotionen allerdings nichts zu suchen und ich komme mit diesem Hilfsmittel sehr gut zurecht.

Wasser

Eines der wirkungsvollsten Hilfsmittel, das ich bis kurz vor dem Auftritt bei mir trage, ist eine Glasflasche mit Wasser. Bei steigender Anspannung absorbiert meine Mundschleimhaut den gesamten Speichel, den ich zum klaren und deutlichen Sprechen brauche. Wenn ich nicht bis zur letzten Sekunde Wasser nachkippe, kommt es auf der Bühne zu fiesen Nebengeräuschen – und die Haie im Publikum liegen schon auf der Lauer, stets bereit für eine Attacke. Deshalb trete ich stets mit einem befeuchteten Mund ins Rampenlicht – und die Show kann beginnen.

Der erste Satz

Wenn der erste Satz richtig BÄNG macht, hast du schon gewonnen. Deine Zuschauer machen sich innerhalb von Sekunden ein Bild von dir. Während unseres »Speaking Performance Practitioners« beschäftigen wir uns sehr intensiv mit den ersten drei Minuten, denn wenn diese erfolgreich über die Bühne gehen, wird der Rest zum Kinderspiel. Für die ersten Sätze hast du hier ja schon einiges an Rüstzeug bekommen:

Anmoderation

Mein Stresslevel ist am niedrigsten, wenn ich es mit einer richtig guten Moderatorin/einem richtig guten Moderator zu tun habe. Das ist dann der Fall, wenn ich merke, dass es ihr oder ihm wirklich um eine gute Inszenierung des Sprechers geht. Je besser du anmoderiert wirst, desto glatter wird dein Vortrag laufen. Warum? Weil es immer besser ist, von anderen gelobt zu werden, als selbst etwas über sich zu erzählen. Du kannst dann beim Betreten der Bühne sagen: »Wann kommt diese Person, die gerade angekündigt wurde? Das muss ja ein toller Typ sein!« Schon hast du alle auf deiner Seite, und wenn du dich dann klein machst und dich selbst nicht so ernst nimmst, wirst du sehen, wie leicht dir deine Rede fällt.

Hier findest du meine Anmoderation zur Inspiration. Lies sie und entwirf danach deine eigene.

Tobias Beck flog aus dem Kindergarten, der Grundschule und 5 verschiedenen Gymnasien. Vom Flugbegleiter mit Lernschwäche zum Hochschuldozenten und, laut FOCUS: »Dem besten Speaker im deutschsprachigen Raum.« Die Wirtschaftswoche schreibt über ihn: »Beck macht Edutainment, eine neue moderne Art des Lernens.« Das Handelsblatt nennt ihn den »Shootingstar der Branche« und n-tv schreibt: »In seinen Seminaren und Büchern motiviert er Menschen dazu, das Schöne im Leben zu sehen und ihre Träume Wirklichkeit werden zu lassen.«

Sein Podcast schoss sofort auf Platz 1 der Charts und wurde über 24 Mio. mal runtergeladen. Die Deutsche Lufthansa hat ihn im Boardprogramm. Hunderttausende schulte Tobias bereits live, zudem ist er persönlicher Berater namhafter CEO's. Unternehmen wie American Express, Bertelsmann und viele andere vertrauen ihm seit Jahren. 2020 durfte er auch der Firma Facebook mit Rat und Tat zur Seite stehen.

2018 und 2019 erhielt er den Publikumspreis für den »Speaker des Jahres«

Erwarten Sie Infotainment: Humorvoll zeigt Tobias auf wie die Prinzipien des Erfolges und der Motivationspsychologie auch für Sie funktionieren. Sein Buch UNBOX YOUR LIFE, wurde in 19 Sprachen übersetzt. Sein zweites Buch, UNBOX YOUR RELATIONSHIP, wurde sofort zum SPIEGEL Bestseller. Sein viertes Buch, UNBOX YOUR NETWORK, war schon vor der Veröffentlichung in der 3. Auflage.

Tobias studierte Psychologie und gibt viele exklusive Trainingsinhalte kostenlos an Jugendliche, LehrerInnen und Arbeitssuchende weiter.

Achtung: Tobias Beck ist polarisierend, provozierend und überzeichnend. Seine öffentlichen Seminare sind über Monate im Voraus ausverkauft!

Er hat es sich zur Lebensaufgabe gemacht, so viele Menschen wie möglich, erfolgreich zu machen und reist mit seiner 150-köpfigen Crew und seinem Team durch Europa.

Seine Freizeit verbringt er mit seiner Frau Rita und ihren beiden Kindern Maya und Emil.«

Jetzt bist du dran:

Tourmanager

Die wohl beste Entscheidung war es, niemals ohne Begleitung zu einer Keynote zu fahren, sondern immer einen Tourmanager dabei zu haben. Warum das so wichtig ist? Du bist nicht alleine! Und: Deine Tourbegleitung organisiert alles im Vorfeld:

- Kommunikation mit dem Kunden
- Technik
- Bühnenbild
- Soundcheck
- Briefing des Moderators
- Bekanntmachen mit dem Veranstalter
- Erinnerung an wichtige Punkte
- Pünktliche An- und Abreise

Sie ist darüber hinaus dein erster Ansprechpartner bei Unregelmäßigkeiten.

Wenn du einen schlechten Tag hast

Schlechte Tage gehören ab heute, zumindest von außen betrachtet, der Vergangenheit an. Es gibt Berufe, bei denen musst du auf Knopfdruck abliefern, und der des Sprechers gehört dazu. Unternehmen zahlen dir keine fünfstelligen Beträge für 45 Minuten, um dann mitzubekommen, dass du Kopfschmerzen oder andere Zipperlein hast. Da, wo du zukünftig auftauchst, ist »Happy Land«. Das klingt vielleicht sehr oberflächlich, aber niemand interessiert sich dafür, wie es dir geht. Du erreichst deine Teilnehmenden nur, wenn sie dein ehrliches Interesse an ihren Themen spüren.

Ich möchte dir gerne eine kleine Geschichte erzählen, die mich nachhaltig beeindruckt hat:

Meine kleine Tochter Maya bekam kurz vor ihrem zweiten Geburtstag einen Fieberkrampf. Und obwohl ich selbst jahrelang Rettungssanitäter war, fühlte ich mich völlig machtlos, als die Kleine plötzlich blau anlief und die Augen verdrehte. Wir rasten in die Klinik und trafen auf eine Ärztin, die von der ersten Sekunde an alles gab und Maya schnell wieder stabilisierte. Dazu war sie noch sehr freundlich und beruhigte Rita und mich mit den Worten, die wir in diesem Moment hören mussten: »Es wird alles gut, Ihr Kind ist in den besten Händen.« Ein paar Tage später fuhr ich in die Klinik, um ein Geschenk für das gesamte Team vorbeizubringen, und traf erneut auf die Ärztin. Auf meine Frage, wie sie es denn schaffe, in solchen Situationen so ruhig zu bleiben, antwortete sie: »Als Sie mit Ihrer Tochter kamen, hatte ich gerade eine 24-Stunden-Schicht ohne Schlaf und mit zig Notfällen hinter mir. Aber in meinem Beruf muss ich immer 100 Prozent geben.«

DAS ist voller Einsatz. Und auch, wenn dieser Vergleich ein wenig hinken mag, weil du auf der Bühne nicht unmittelbar Menschenleben rettest, so ist mir eines jedoch wichtig: Ab heute gibst du immer 100 Prozent, denn dann hast du die Chance, nach oben zu kommen!

Der Dalai-Lama-Effekt – so holst du dir Beistand von höherer Stelle

Eine gute Seminarvorbereitung und das nötige Fachwissen, das du für deine Nische brauchst – beides trägt entscheidend dazu bei, dich von deinen Marktbegleitern abzusetzen. Ja, der Rahmen muss perfekt sein, aber ohne Inhalt bist du schneller vom Markt verschwunden, als du gucken kannst.

Ich habe zum Beispiel sieben Jahre lang Psychologie, Psychoanalyse und Soziologie an den Universitäten Frankfurt und Duisburg-Essen studiert. Dann habe ich mich aufgemacht, um an den besten Hochschulen der Welt ein Nischenwissen zu erwerben, das mir heute einen riesigen Wettbewerbsvorteil verschafft. Was das alles mit dem Dalai Lama zu tun hat? Darauf komme ich gleich.

Ein solches Nischenwissen musst du für dich finden; du musst bereit sein, in einem Themengebiet so richtig in die Tiefe zu gehen. Mein Hauptinteresse lag schon immer in der Sozialpsychologie und deshalb habe ich in diesem Fach mehrere Kurse an der University of Michigan im wunderschönen Ann Arbor belegt:

https://www.tobias-beck.com/buecher/die-rede-deines-lebens/linksammlung/

Sehr gut aufbereitetes Fachwissen erhältst du übrigens kostenlos bei dieser Organisation:

www.edx.org

Dort haben sich die hellsten Köpfe der Welt vereint, um ihr Wissen weiterzugeben.

Ich habe bei dieser Plattform für Online-Seminare beispielsweise die Kurse zum Thema »The Science of Happiness« der Berkeley University und »Behaviour Psychology« der University of British Columbia absolviert, um für all meine Vorträge die wissenschaftliche Grundlage zu haben.

Und jetzt kommt der Dalai Lama ins Spiel.

Insbesondere deutsche Zuhörer, die von Kindesbeinen an gelernt haben, alles kritisch zu hinterfragen und die rationale linke Gehirnhälfte zu trainieren, lieben Zahlen, Daten und Fakten über alles. Wenn du das Ganze geschickt mit fesselnden Geschichten und echten Emotionen verwebst, hast du das Publikum bereits für dich gewonnen.

Wenn es dir dann noch gelingt, die weisen Worte einer Autorität in deinen Vortrag einfließen zu lassen, sind alle Menschentypen glücklich.

Häufig sage ich zum Beispiel: »Wir werden heute ein paar Übungen machen, die dich vollkommen aus deiner Komfortzone holen, und es wird Momente geben, in denen du deshalb wütend auf mich sein wirst. Wenn die Emotionen hochgehen, geht häufig die Intelligenz runter und das ist eine gefährliche Kombination. Schon der Dalai Lama hat gesagt: ›In der Wut verliert der Mensch seine Intelligenz.‹«

In dem Moment meldet sich die innere Stimme deiner Teilnehmenden: »Na, wenn der Dalai Lama das sagt, wird es schon stimmen«, und die höhere Instanz hat gesiegt.

Ein weiterer Vorteil: Menschen, die sich gerne selbst reden hören, werden durch die zitierte Autorität oft aus der Reserve gelockt und dazu gezwungen, ins Handeln zu kommen, statt immer nur zu reden und kluge Ratschläge zu geben.

Oft höre ich in meinen Seminaren Bemerkungen wie: »Die Lohnbuchhaltung müsste mal ... « oder: »Der Vertrieb sollte mal ...«. Darauf erwidere ich dann gerne: »Sokrates hat mal gesagt: ›Wer die Welt bewegen will, sollte erst sich selbst bewegen.‹«

Ja, wenn Sokrates das sagt!

Notier dir, welche Themengebiete du vertiefen möchtest, um deine Vorträge besonders – und damit interessant für den Markt – zu machen und wissenschaftlich zu untermauern. Überleg dir außerdem, welche Autoritäten du zitieren kannst, um etwaige Bedenken deines Publikums restlos auszuhebeln.

Struggle

Auf dem Weg zu den großen Bühnen warten eine Menge Stolpersteine auf dich. Du kannst noch so gut vorbereitet sein, das Universum hält immer ein paar Überraschungen für dich bereit. »Every master was once a desaster« – diesen Satz wirst du zukünftig häufiger in deinen Ohren klingeln hören, denn die Reise auf der Achterbahn hat begonnen, und auf ein paar Dinge, die unter Garantie passieren werden, möchte ich dich gerne vorbereiten. Nimm es einfach als freundschaftliches Frühwarnsystem an:

ACHTUNG, DARAUF DARFST DU DICH VORBEREITEN:

- Manche Menschen werden dir das Blaue vom Himmel versprechen, du wirst eine Menge Angebote bekommen, die dich angeblich noch größer, reicher oder erfolgreicher machen. 99 Prozent davon werden nicht funktionieren, sind vollkommen übertrieben oder gar erstunken und erlogen. Lass dir immer alles schwarz auf weiß beweisen, rufe Referenzkunden an und höre vor allem auf dein Bauchgefühl. Sobald du auf der Bühne stehst, bist du ein gefundenes Fressen für allerlei Berater, Verkäufer und Menschen, die dir irgendetwas andrehen wollen. Aber nicht mit dir – du bist doch keine Gelddruckmaschine!
- Lerne deine Enttäuschungen zu disziplinieren. Vieles von dem, was du dir vornimmst und was sich in deiner Vorstellungskraft sehr gut anfühlt, wird im wahren Leben nicht funktionieren. Manche Menschen, die sich mit dir auf den Weg gemacht haben, werden dich enttäuschen, verlassen, belügen und betrügen. Das gehört dazu und in solchen Momenten wächst dein Charakter weiter. Häufig wirst du dich fragen, wie dein Business ohne Person X oder Y überhaupt funktionieren soll. Ich verspreche dir: Es wird immer besser werden, denn das Universum arbeitet für dich und niemals gegen dich.
- Plötzlich und unerwartet wirst du eine Menge Freunde haben, denn alle wollen etwas von deinem Erfolg und deiner Reichweite abbekommen. Vergiss dabei niemals die Menschen, die an dich geglaubt und dich unterstützt haben, als dich noch niemand kannte. Bau dir einen »Inner Circle« von Menschen auf, denen du bedingungslos vertrauen kannst und die keine Vorteile durch dich haben. Häufig sind es Familienangehörige oder alte Freunde. Du wirst auch merken, dass viele Menschen vordergründig sehr freundlich zu dir sind. Bild dir nichts darauf ein; sobald deine Popularität steigt, sehen viele Vorteile für sich, wenn sie in deiner Nähe sind und dir schmeicheln. Vorsicht bei Menschen die übermäßig freundlich sind, denn von außen sieht Salz aus wie Zucker.
- Lerne NEIN zu sagen – das war eine der wichtigsten Lektionen in meiner Karriere! Sobald dein Stern steigt, werden Tag für Tag viele Menschen mit Geschäftsideen, Produkten oder irgendwelchen Anliegen auf dich zukommen. Wenn du dir dafür zu viel Zeit nimmst, hast du keine Energie und Kapazität mehr, um dich auf dein Kerngeschäft

zu konzentrieren. Ich kann dir nur dringend raten, den Verlockungen des schnellen Geldes zu widerstehen und »dein Ding« langfristig und stabil aufzubauen. Da bleibt dir wenig Zeit, dauernd nach links und rechts zu schauen. Eine Grundregel habe ich: Wenn jemand etwas von mir will, aber keine Gegenleistung in Form eines angemessenen Austauschs von Energie bietet, wird diese Person sofort aussortiert. Das ist die Lehre aus zig schmerzlichen Erfahrungen.

- Stell dich auf die »10 zu 1«-Regel ein. Aus zehn Anfragen für Keynotes oder Trainings wird durchschnittlich ein echter Termin. Es gibt zig Gründe, warum er in letzter Minute abgesagt wird, und bevor der Vertrag nicht unterschrieben ist, gibt es keinen Grund, sich zu freuen. Mit dieser Formel kannst du gleichzeitig gut deinen Kalender füllen, denn um zehn Trainings / Keynotes durchzuführen, sind etwa 100 Gespräche und Angebote fällig. Das Gleiche gilt für öffentliche Seminare, bei denen dir jeder sagt: »Ich habe darauf gewartet und komme auf jeden Fall!« Von zehn Begeisterten kommt in der Regel einer. Wenn du einen Raum mit 100 Seminarteilnehmenden füllen möchtest, musst du ungefähr 1 000 Menschen ein persönliches Angebot machen. Plane weise und übernimm dich am Anfang nicht.

- *Hominem te memento* – du bist auch nur ein Mensch. Mit diesem Satz wurden die Herrscher Roms vor der Arroganz des Erfolges gewarnt und dennoch ist ihre Welt untergegangen. Nur weil du nun ein erfolgreicher Trainer oder Redner bist, heißt das noch lange nicht, dass du abheben darfst, denn dann stürzt du schneller, als du schauen kannst. Die Medien sind voll mit Skandalen berühmter Menschen, die über Nacht alles verloren haben, weil ihnen der Ruhm zu Kopf gestiegen ist. Bleib stets auf dem Boden und diene weiter. Wenn du mich fragst, ist es sogar wichtig, nebenher irgendwo anders zu arbeiten, um den Bezug zu deinen Zuhörern niemals zu verlieren. Deshalb habe ich über 24 Jahre im Servicebereich einer großen Airline gearbeitet und ich war lange im Rettungsdienst aktiv. Für mich kommt Verdienen von Dienen.

- Lerne, um Hilfe zu bitten. Glaub mir, es wird der Moment kommen, wo du dein Business nicht mehr alleine stemmen kannst. Mach Platz für andere Menschen, die dir beim Aufbau unter die Arme greifen wollen, und übernimm Verantwortung. Schaff Arbeitsplätze und gib Menschen in deiner Nähe und in deinem Geschäft Sicherheit in dieser rasant wachsenden Industrie. Gib Schwächen zu und lerne anzunehmen. Bei mir ist meine kleine Eule beispielsweise oft überfordert und ich brauche viel Hilfe in puncto Struktur, Planung etc.

- Erfinde dich immer wieder neu. Gerade in unserer Branche ist nichts vergänglicher als der Erfolg von gestern. Immer wieder erlebe ich, dass bekannte Trainer und Speaker ihre Räume nicht mehr gefüllt bekommen. Oft haben sie sich vom technischen Fortschritt und der hungrigen Masse nachkommender Trainer und Speaker geradezu überrollen lassen und müssen dann verzweifelt erleben, wie ihnen der Boden unter den Füßen weggezogen wird. Vor allem Instagram und die Podcasts haben den Markt vollkommen verändert und neue Technologien werden kommen. Da musst du blitzschnell sein und immer wieder etwas Neues ausprobieren. Habe ich immer Lust dazu? Nein, aber meine Mission ist größer, als ich es bin, und deshalb lerne ich, neue Technologien zu nutzen.

- Plan immer wieder Pausen ein. Du solltest niemals unterschätzen, wie anstrengend es ist, jeden Tag auf der Bühne zu stehen. Stell dich auf die Leere ein, die dich übermannen kann, wenn der Applaus verhallt ist und du mitunter alleine in deinem Hotelzimmer sitzt. Beginn mit Meditation und nimm dir Zeit für dich, damit dich die Bühne nicht zerreißt. Du brauchst nichts von außen, um deine Leere im Inneren zu stillen. Viele Karrieren in unserer Branche scheitern durch Alkohol und Drogen.

- Vergiss nicht, warum du angetreten bist. Bleib ein ewig lernendes Kind. Selbst wenn du deine Rede hundertfach gehalten und du deine Workshops und Trainings tausendfach durchgeführt hast, solltest du dich immer wieder daran erinnern, warum du in dieser Branche begonnen hast. Die Kunst liegt nicht darin, in die Spitzenliga zu kommen, sondern begeistert dort zu bleiben. Ich habe meine Mentoren dabei beobachtet, wie sie nach 40 Jahren noch immer mit Tränen in den Augen die gleichen Geschichten erzählen, damit andere Menschen sich darin wiederfinden und berührt werden. Ab einem gewissen Punkt geht es nur noch um Disziplin: dienen und sich selbst zurücknehmen. Viele Philosophen beschreiben die höchste Form der Entwicklung damit, ein ewig Lernender zu sein. Bitte investier bis an das Ende deiner Tage in deine persönliche Weiterbildung und nimm andere mit auf die Reise.

Technik / Lerntechniken

Es gibt viele verschiedene Möglichkeiten, eine Rede, einen Workshop oder ein Seminar zu gestalten – darunter aber auch viele langweilige! Dabei ist es so wichtig, die Teilnehmenden und Zuhörer, die auf ganz unterschiedliche Weise lernen, bei Laune zu halten und zu aktivieren. Wie das gelingen kann, darum geht es in diesem Kapitel.

Mach es groß und bunt

Ich möchte dich bitten, beim nächsten »JETZT«, das du liest, deine Augen zu schließen und dir etwas vorzustellen, bevor du weiterliest!

Stell dir eine Blumenwiese vor. JETZT!

Wie sah diese Wiese aus? Ein kleiner schwarzweißer Fleck Gras mit ein paar schwarzweißen Blumen? Oder sah dein Bild eher nach einer großen weiten Wiese in sattem Grün aus mit ganz vielen bunten Blumen? Wahrscheinlich Letzteres, oder?

Viele meiner Kolleginnen und Kollegen schreiben während ihrer Vorträge mit kleinen Stiften in Schwarz auf weißes Papier. Warum benutzen sie nicht große, bunte Stifte, wenn das Gehirn doch groß und bunt denkt?

Je bunter deine Flipcharts, dein Seminarraum und deine Rede sind, desto mehr öffnet sich das Unterbewusstsein deiner Teilnehmenden. Warum sollten wir uns diese wunderbare Funktion unseres Gehirns nicht zunutze machen und bewusst damit arbeiten?

Dazu kommt ein weiterer Faktor, den ich in diesem Zuge ansprechen möchte. Überleg mal: Wenn du an einem Kiosk vorbeiläufst und dort verschiedene Zeitungen aufgereiht siehst, was ist neben den Bildern das erste, was dir ins Auge fällt? Ganz genau, die Schlagzeile. Und welche Eigenschaft hat eine Schlagzeile? Sie ist kurz und prägnant.

In der Regel geht die Botschaft einer Schlagzeile weit über ihren bloßen Wortlaut hinaus. Und sie ist viel größer als der Text darunter. Das lässt sich wunderbar auf die Seminarsituation übertragen. Verwende große, bunte Stifte und schreib die wichtigen Schlagwörter groß an. Das gilt besonders für Wortmeldungen aus dem Publikum, weil es den Mut derjenigen, die sich melden, auf diese Weise wertschätzt.

Gleichzeitig stellst du sicher, dass auch die Leute in der letzten Reihe alles lesen können.

Scheue dich nicht davor, zu viele Blätter vollzuschreiben. Es empfiehlt sich, die beschrifteten Seiten in den Pausen an den Wänden des Raumes zu verteilen, damit die Informationen auch später immer präsent sind.

Der offene Kreis – Loop

Was siehst du auf diesem Bild? Richtig, einen Kreis mit einer Lücke. Ich schätze, dein Unterbewusstsein hat schon damit begonnen, die Lücke zu schließen und sich zu überlegen, was diese zu bedeuten hat, oder?

Warum das so ist? Nun, das menschliche Gehirn liebt Rätsel und deren Lösung!
Jedes Mal, wenn du während deiner Rede oder in deinem Training eine Frage stellst, die einzelne Teilnehmende oder auch die ganze Gruppe beantworten können, werden in deren Körper Glückshormone freigesetzt. Diese steigern das positive Gefühl und damit den Lerneffekt. So einfach ist das.

Deshalb erlebst du es in meinen Veranstaltungen sehr häufig, dass ich die Teilnehmenden meine Sätze zu Ende führen lasse und viele Fragen stelle. Ich möchte dir ein kurzes Beispiel geben. Stell dir vor, du sitzt in einem meiner Seminare, und ich fange an, eine Geschichte zu erzählen:

»Letztes Jahr war ich bei einer Audienz des Dalai Lama in Frankfurt. Er begeisterte mich sofort. Sein Lachen war ansteckend und sein Weltbild faszinierend. Während einer Fragerunde mit Seiner Heiligkeit stand eine Frau am Mikrofon und erzählte von den Schwierigkeiten in ihrem Leben. Sie bat den Dalai Lama, für sie zu beten. Nun atmete einer der weisesten Männer der Welt kurz ein, runzelte die Stirn und kratzte sich leicht am Hinterkopf, bevor er …« Dann stoppe ich die Erzählung abrupt.

Was ist während der letzten drei Sätze der Geschichte in dir vorgegangen? Du wolltest unbedingt wissen, wie der Dalai Lama reagiert hat, oder?

Wenn ich jetzt den Loop, also den Kreis der Handlung, nicht komplett schließe, bleibst du und damit auch jeder andere Teilnehmende in der Geschichte verhaftet und weder du noch die anderen sind offen für neue Inhalte.

Wenn ich allerdings erzähle, dass der Dalai Lama der Frau entgegnete, sie möge bitte aufhören zu jammern und dass das Beten auch nicht helfen könne, ist dein Gehirn wieder beruhigt, denn der offene Kreis wurde geschlossen.

Wir Menschen mögen es nicht, wenn der Kreis unvollendet ist und unfertige Geschichten in unserem Gehirn umherirren. Doch du kannst diese Tatsache auch konstruktiv nutzen. Wenn du beispielsweise den Zusammenhang zwischen verschiedenen Themen verdeutlichen willst, dann schneide zwei bis drei Aspekte an und lass, bildlich gesprochen, einen kleinen Teil des Kreises in den Köpfen deiner Teilnehmenden offen.

Sag ihnen, dass sie das, was du jetzt nicht zu Ende erklärt hast, gleich verstehen werden. Nachdem du anschließend den zweiten und dritten Loop geschlossen hast, lässt du deine Teilnehmenden die Verbindung zwischen den Themen erkennen. Du solltest nur nicht zu viele Loops gleichzeitig öffnen, das könnte zu einer großen Verwirrung führen.

Setz offene beziehungsweise geschlossene Kreise sinnvoll und mit Verstand ein. Fühl dich bei der Ausarbeitung deiner Rede in deine Teilnehmenden hinein, damit du erkennst, welche Loops an bestimmten Punkten ungewollt offen sind.

Hierbei hilft die Meinung einer dir nahestehenden Person, die sich den entsprechenden Teil deiner Rede anhört. Sie gibt dir Feedback, ob wirklich alle Zusammenhänge klar geworden sind. Am besten stellst du noch eine oder zwei Kontrollfragen, um sicherzugehen, dass dein Gegenüber auch wirklich alles richtig verstanden hat.

Lerntypen: Visuell, auditiv, kinästhetisch

Jeder Mensch hat eine individuelle Art zu lernen. Während du zum Beispiel für den einen viel zu viele Bilder zeigst, können es für den anderen gar nicht genug sein. Während der eine gerne seine Hände benutzt und die Dinge anfassen muss, um sie zu verstehen, möchte der andere am liebsten alles laut vorlesen und hätte gerne noch eine musikalische Untermalung dazu.

Insgesamt unterscheiden wir drei Lerntypen, die jeweils auf andere Dinge Wert legen und denen du unterschiedliche Angebote machen musst.

Der visuelle Lerntyp – Lernen mit und durch die Augen:

- einen gepflegten Seminarraum zur Verfügung stellen
- aufeinander abgestimmte Farben / bunte Farben einsetzen
- dein Erscheinungsbild optimieren (siehe Halo-Effekt)
- auf deine Körpersprache achten
- Erklärungen am Flipchart visualisieren
- eine klare Struktur auf dem Flipchart schaffen
- Flipchart-Blätter in den Pausen an die Wände hängen
- Bilder auf der Leinwand zeigen
- Videoclips zeigen
- visuelle Reize einsetzen, die das Auge zum Verweilen einladen
- Diagramme verwenden

Der auditive Lerntyp – Lernen mit dem Gehör:

- Störgeräusche vermeiden
- auf deutliche Aussprache achten
- Stimme bei wichtigen Inhalten verändern
- mit Dialekten und Soziolekten spielen
- Musik abspielen
- Inhalte wiederholen / nachsprechen lassen
- Musik einfließen lassen
- Podcast zum Thema anbieten
- Hörbuch zum nachhaltigen Erleben des Lernstoffs anbieten

Kinästhetischer Lerntyp – Begreifen durch Erleben und Bewegung:

- Bewegungen implementieren
- die Teilnehmenden Dinge nachmachen lassen
- Dinge anfassen und ausprobieren lassen
- immer wieder neue Impulse setzen
- auf positive Atmosphäre achten
- genügend Pausen einbauen
- Teilnehmende miteinander interagieren lassen
- Spiele anbieten

Warum diese Art der Wissensvermittlung so effektiv ist? Weil sie gleichsam alle Lerntypen abholt und involviert.

Es gibt außerdem noch den kommunikativen Lerntyp, der am liebsten alles in einer Gruppendiskussion bis ins Kleinste auseinandernehmen möchte, und den Typ, der Lerninhalte am besten über den Geschmacks- oder Geruchssinn verinnerlicht. Letzterer wurde noch nicht ausreichend genug erforscht, um belastbare Aussagen treffen zu können. Doch viele von uns erinnern sich an bestimmte Gerüche und verbinden damit bestimmte Erinnerungen.

Als ich neulich auf einer Reise mit meiner Familie auf dem Weg zum Flughafen war, bot sie mir eine perfekte Vorstellung, was die verschiedenen Lerntypen ausmacht. Daher möchte ich dich gerne daran teilhaben lassen:

Meine Mutter schwärmte: »Seht euch mal diese Landschaft an – wie gemalt! Und seht mal, wie liebevoll die Vorgärten gestaltet sind! Ich kann mich gar nicht sattsehen!«

Mein Vater beklagte sich: »Der Motor dieses Busses ist so laut, dass ich mich auf gar nichts konzentrieren kann, und die Bremsen quietschen auch. Habt ihr gehört, was der Reiseleiter gesagt hat? Ich konnte ihn kaum verstehen.«

Meine Schwester stellte fest: »Wahnsinn, was es hier für Schlaglöcher auf der Straße gibt! Das fühlt sich so an, als hätten die seit Jahren nicht nachgebessert. Die Sitze sind aber noch gut und fühlen sich weich an.«

Du siehst, bei jedem Menschen ist eine bestimmte Art, die Welt wahrzunehmen, besonders ausgeprägt. Versuche in deiner Rede alle Lerntypen zu berücksichtigen, um den Teilnehmenden einen möglichst hohen Mehrwert zu bieten.

Superlearning / Suggestopädie

Hättest du gerne die Fähigkeit, deinen Teilnehmenden Inhalte so intensiv näherzubringen, dass sie diese nie wieder vergessen? Das lässt sich machen! Das Geheimrezept, auf dem der Erfolg meiner Keynotes beruht, nennt sich »Superlearning«.

Diese Form des Lernens ist effektiver als alle anderen. Die Teilnehmenden kommen dabei ins Erleben und fühlen die Inhalte. Normalerweise sitzen wir während des Lernens recht still und konzentriert da und hören zu. Das ist nicht nur langweilig, sondern auch alles andere als förderlich für den Aufnahmeprozess des menschlichen Gehirns. Diese veraltete Methode, die viele aus der Schule kennen, lässt die Zuhörer lediglich als Beobachter fungieren.

Wenn du es hingegen schaffst, Superlearning richtig anzuwenden, werden deine Inhalte für deine Teilnehmenden interaktiv erlebbar, was zu viel stärkeren neuronalen Vernetzungen führt. Wenn du schon einmal eine Rede von mir erlebt hast, dann ist dir sicherlich aufgefallen, dass ich sehr oft in Interaktion mit den Teilnehmenden gehe, oder?

Zum Reinschauen empfehle ich dir meine erste GEDANKENtanken-Rede mit dem Titel: »Wer sind die Superstars des Lebens?«

https://www.tobias-beck.com/buecher/die-rede-deines-lebens/linksammlung/

Darin kannst du vom ersten Satz an beobachten, wie ich durch gezielt offene Fragestellungen und das Heben der Hand mit den Zuhörern in Interaktion gehe.

Und wenn ich die Hand hebe, heben die Zuhörer automatisch ebenfalls ihre Hand. Es ist fast wie Magie. Für uns, die es besser wissen, ist es einfach Superlearning mit der Kraft der Spiegelneuronen.

Spiegelneuronen sind in unserem Gehirn dafür verantwortlich, dass wir uns an dem orientieren, was wir kennen. Das gibt uns Sicherheit. Aus diesem Grund liebst du Menschen, die dir ähnlich sind. Gleiches zieht Gleiches an.

Doch nicht nur das Heben der Hand aktiviert die Nervenzellen deiner Zuhörer, sondern auch das Offenlassen mancher Wörter und ... In deinem Gehirn ist jetzt sicherlich der Begriff »Sätze« aufgetaucht, oder? Diese Vorgehensweise ist ebenfalls Superlearning.

Wenn du jetzt an die schon beschriebene Technik des geöffneten Kreises denkst, liegst du richtig. Diese nutze ich hier erneut und ergänze sie durch den motorischen Reiz der gehobenen Hand. Ganz nebenbei verbindet sich so bei deinen Zuhörern die linke mit der rechten Hirnhälfte; und bewegt hat sich die Gruppe dadurch nun auch schon mal. Das lockert auf und steigert den Energiefluss. Da in dem Wort Emotion auch der englische Begriff »motion«, also Bewegung, steckt, habe ich zwei Fliegen mit einer Klappe geschlagen.

Ich versichere dir, mit ein wenig Übung wird es sich bald ganz normal und natürlich für dich anfühlen, offene Satzschleifen und bestimmte Bewegungen an deine Rede zu koppeln, um das Publikum zu aktivieren und abzuholen.

Zum Superlearning gehört auch das beständige Wiederholen sogenannter Keywords, um den Zuhörern neue Begriffe verständlich zu machen und das Lernen fortzuführen. Ich zeige dir das anhand eines Beispiels, mit dem ich meinem Publikum die Bedeutung der Spiegelneuronen erläutere:

Nachdem ich den Teilnehmenden erklärt habe, was es mit diesen Nervenzellen im Gehirn auf sich hat, baue ich den Begriff häufig ein oder ich frage ganz direkt: »Wie hießen noch mal diese Dinger hinter den Augen, die dafür sorgen, dass du gähnst, wenn andere gähnen? Spiegel …«

(Teilnehmende rufen: »… Spiegelneuronen«.) »Genau, Spiegelneuronen. Danke.«

Und was ist mit deinen Teilnehmenden? Ist es für sie nicht total merkwürdig, sich zu melden, Wörter nachzusprechen oder Sätze zu vervollständigen und auf diese Weise mit dir zu interagieren? Klar, vollkommen merkwürdig!

Auch dafür gibt es ein paar gute Tipps, die ich dir sehr ans Herz lege. Sie helfen dir, mit deinen Teilnehmenden in diese hocheffektive Superlearning-Interaktion zu gehen.

Tipp #1: Erklär deinen Zuhörern, was es mit Superlearning auf sich hat. Sie können ruhig wissen, dass sie die Inhalte deiner Rede besser verinnerlichen können, wenn sie mit dir aktiv im Austausch stehen und somit viel mehr für sich mitnehmen können.

Tipp #2: Bedanke dich, wenn deine Teilnehmenden mit dir in Interaktion gehen. Wenn sie mitmachen und zum Beispiel die Hand heben, sagst du: »Danke.«

Eine kurze, schnelle Form der Anerkennung lässt in den Teilnehmenden einen kleinen Motivationsschub entstehen, der sie dazu bringt, sich auch weiterhin zu melden. Damit du nicht bei jeder beantworteten Frage ein »Danke« hinterherschiebst, kannst du auch alternative Bestätigungen wie »Super«, »Perfekt«, »Wow, ihr seid super« einbauen.

Tipp #3: Superlearning soll Spaß machen. Aus diesem Grund kannst du durchaus viel Humor in die Erklärung deines Lernansatzes einfließen lassen. Wenn du unterhaltsam und humorvoll sprichst, sorgt das zudem dafür, dass deine Zuhörer dir noch mehr an den Lippen hängen.

Wer lernt wohl schneller, Erwachsene oder Kinder? Die Antwort lautet natürlich »Kinder«, weil diese die Techniken ganz intuitiv anwenden. Diese Frage und die dazugehörige Antwort verdeutlichen den Teilnehmenden das Prinzip des Superlearnings sehr gut.

Zum Superlearning gehört aber noch viel mehr. Im Folgenden zeige ich dir jeweils in drei Schritten auf, was bei vielen Rednern »die bittere Realität« ist, wie die Alternative aussieht und welchen Ansatz ich persönlich sehe.

Unterbewusstes Lernen

Die bittere Realität:
Die meisten Trainer liefern Inhalt, ohne sich auf den Lernprozess zu konzentrieren oder zu schauen, ob und wie die Inhalte bei den Teilnehmenden ankommen.

Betonung, Tempo, Nebensächlichkeiten, Bewegungen der Teilnehmenden und unausgesprochene Botschaften während des Trainings – keiner dieser Hinweise wird genutzt.

Die Alternative:
Howard Gardners Forschung der multiplen Intelligenzen beim Menschen lehrt uns, dass es verschiedene Wege des Lernens gibt. Er ist der Urvater der Suggestologie. Dabei wird die Botschaft des Redners gehirngerecht aufbereitet, die Selbstverantwortung des Lernprozesses größtenteils dem Zuhörer überlassen und ihm gleichzeitig ein mehrdimensionales Lernerlebnis geboten.[6]

---

6 https://de.wikipedia.org/wiki/Suggestopädie

Daraus folgt, dass während eines Seminars alles von Bedeutung ist. Ein Teilnehmender hört dem Trainer bewusst zu. Unterbewusst nimmt er jedoch zum Beispiel auch die Laune des Trainers, den Ton, Nebengeräusche und die Raumtemperatur wahr. Es gibt keinen einzelnen Reiz. Wir nehmen immer den gesamten Rahmen auf. Alles – insbesondere Symbole, Assoziationen und Rituale – wird vom Gehirn sofort verarbeitet.

Es gibt keine neutrale Rezeption des Inhalts, sondern nur eine positive oder negative. Deshalb müssen Trainer stets darauf achten, eine komfortable und sichere Atmosphäre herzustellen, in der es Spaß macht, zu lernen.

Mein Ansatz:
Alles hat einen Sinn: die Art, wie jede Lektion beginnt und endet, die Musik, die während der Aktivitäten gespielt wird, die Lautstärke der Musik, die Zeichen an der Wand und die Art, wie Informationen dargestellt werden. Alles ist bewusst arrangiert.

Aktives Lernen

Die bittere Realität:
Meistens sind Trainings und Präsentationen eher passiv gestaltet, die Teilnehmenden werden nicht aktiv miteinbezogen. Der Trainer steht vorne oder sitzt hinter einem Tisch und spricht 30 Minuten oder länger am Stück.

Währenddessen stehen überladene Powerpoint-Präsentationen und Handouts mit dem Trainer in Konkurrenz – immer geleitet von dem Gedanken: Je mehr Inhalt, desto besser. Was bleibt davon beim Teilnehmenden hängen? Leider sehr wenig.

Die Alternative:
Meiner Erfahrung nach nimmt die Aufmerksamkeit eines Erwachsenen nach 20 Minuten radikal ab. Körperliche Aktivierung bringt den Fokus zurück. Experimentelles Lernen mit allen Sinnen hat also viel größere Auswirkungen als passives Lernen.

Wenn Lernende den Inhalt beispielsweise mit speziellen Bewegungen koppeln, wird das Erlernte besser behalten.

Mein Ansatz:
In meinen Seminaren leben wir aktives Lernen. Es ist fast unmöglich, bei einem unserer Trainings passiv zu sein, weil immer alles in Bewegung bleibt. Teilnehmende stehen auf, setzen sich hin, arbeiten mit einem Partner, in Gruppen und vor der Gruppe. Die ganze Zeit. Natürlich ist das anstrengend, aber hocheffektiv.

Visuell, auditiv, kinästhetisch (VAK)

Die bittere Realität:
Die meisten Trainer präsentieren, indem sie nur eine Wahrnehmungsfähigkeit der Menschen ansprechen.

Visuell: Trainer zeigen Präsentationsfolien in der Erwartung, dass die Teilnehmenden den dargebotenen Inhalt im selben Moment speichern, in dem sie damit bombardiert werden.

Auditiv: Trainer sprechen oder beten den Inhalt vor und erwarten, dass die Teilnehmenden alles aufnehmen und es für sich selbst verarbeiten.

Kinästhetisch: Trainer verteilen Handouts in der Erwartung, dass das darin enthaltene Wissen von jedem verstanden und umgesetzt wird. Oder sie machen aktive Gruppenübungen, ohne diese von den Teilnehmenden reflektieren zu lassen.

Die Alternative:
Noch einmal: Lernen findet auf unterschiedlichen Ebenen statt:

- 1. Visuell: Sehen, Lesen, Malen, Schreiben und anderweitiges Visualisieren
- 2. Auditiv: Hören, Sprechen, Singen, musisches Erfassen, Geräusche imaginieren
- 3. Kinästhetisch: Physisches Erleben und Anfassen, emotionales Fühlen oder Erinnern

Menschen lernen am effektivsten, wenn alle drei Kanäle gleichzeitig genutzt werden. Zwar haben die meisten Menschen eine Lernpräferenz, jedoch bleiben kinästhetische Erfahrungen am längsten in Erinnerung.

Mein Ansatz:
Wir trainieren alle Lerninhalte auf visueller, auditiver und kinästhetischer Ebene. Die Seminarbesucher lernen durch Aktivitäten sowie durch Simulationen und teilen ihr erlerntes Wissen mit anderen.

Sie verinnerlichen schnell, dass konstant Fragen gestellt werden, und antworten darauf laut. Schlüsselbegriffe werden immer wieder groß und bunt auf Tafeln, Blätter etc. geschrieben. Das spricht den visuellen Lerntyp an.

Erleben vor Inhalt

Die bittere Realität:
Normalerweise fokussieren sich Trainer auf den Inhalt und weniger auf dessen Transfer für die Teilnehmenden. Der Unterricht fließt nur in eine Richtung: vom Trainer zum Teilnehmenden. Spiele und Aktivitäten kommen erst zum Einsatz, wenn der Inhalt übermittelt wurde.

Die Alternative:
Erst das Erleben des Inhalts macht wirkliches Begreifen möglich. Wenn zunächst der Inhalt vermittelt wird und erst dann eine Aktivität folgt (oder diese gar ausbleibt), erinnern sich die Seminarbesucher kaum an den Stoff.

Wenn Menschen bei der Wissensvermittlung physisch und emotional stimuliert werden, sind die synaptischen Verbindungen stärker und das Erlernte wird länger gespeichert. Das konstante Fragen animiert Menschen unterbewusst zum Antworten. So entsteht der Wunsch, immer mehr Wissen aufzunehmen.

Mein Ansatz:
Wir stellen im Training die richtige Balance zwischen emotionalem Lernen, Fragen und Spielen her. Wenn dann der Inhalt geliefert wird, kommt es zu einem inneren Aha-Erlebnis.

Musik

Die bittere Realität:
Selten wird in Seminaren Musik eingesetzt. Die Lernenden hören lediglich die Stimmen des Trainers und anderer Teilnehmenden. Ansonsten herrscht Stille.

Die Alternative:
Musik sorgt für eine höhere Aufmerksamkeit. Sie beeinflusst die Herzfrequenz und den Blutfluss im Körper. Schnelle Musik aktiviert die Menschen; es wird mehr Blut in das Gehirn transportiert.

Es gibt spezielle Musikstücke für fast jeden Zweck. Sie sorgen beispielsweise dafür, dass Menschen sich fokussieren, Energie erhalten, herunterfahren oder ihre Aufmerksamkeit verändern. So bringt Instrumentalmusik mit 40 bis 80 Schlägen pro Minute Menschen in die Entspannung und ermöglicht es ihnen, sich zu fokussieren.

Mein Ansatz:
Wir nutzen Musik während des gesamten Trainings. Zum Aktivieren, Herunterfahren und Emotionalisieren setzen mein Team und ich sie ganz gezielt ein.

Klatschen zur Musik zu Beginn

Die bittere Realität:
Die meisten Trainings beginnen leise. Der Trainer versucht, mit seiner Stimme die Aufmerksamkeit der Teilnehmenden zu erlangen. Dann spricht er, um seine Rolle zu erklären und um Informationen zum Tagesablauf loszuwerden. Dadurch werden die Teilnehmenden für den gesamten Tag in einen passiven Modus versetzt.

Die Alternative:
Das Einschwingen ist ein Prinzip der Physik. Es beschreibt die Tendenz, dass Körper synchron vibrieren. Gänse zum Beispiel fliegen bis zu 70 Prozent effizienter, wenn sie die Bewegungen der Gans nachahmen, die an der Spitze der Formation fliegt.

Rhythmisches Einschwingen, etwa durch Klatschen oder mit Trommeln, macht sich den natürlichen Prozess, mit anderen im Takt zu sein, zunutze.

Mein Ansatz:
Jede Lektion beginnt nach der Pause mit hochenergetischen Musikstücken. Dazu erheben sich alle und klatschen gemeinsam. Auf diese Weise assoziieren die Teilnehmenden den Beginn des Lernens mit Spaß, alle stellen sich aufeinander ein und lernen so noch effizienter.

Im Verlauf des Tages nutzen wir dazu immer den gleichen Song. Somit verbinden alle das Lied mit dem Wissen, dass nun etwas Positives passiert. Und auch physisch kommen alle Teilnehmenden in den optimalen Lernmodus.

Alles »persönlich« machen

Die bittere Realität:
Trainings können oft trocken und unpersönlich sein. Formelles Lernen erfolgt meistens nur in eine Richtung, vom Sender zum Empfänger. Viele Vortragsveranstaltungen ähneln dadurch eher einem Monolog oder Frontalunterricht.

Die Alternative:
Alles, was Menschen emotional berührt, verinnerlichen sie leichter und schneller. Der emotionale Knoten im Gehirn (die Amygdala) entscheidet, welche Informationen wichtig genug sind, um abgespeichert zu werden. Diese Entscheidung basiert immer auf der emotionalen Bedeutung des Erlebten.

Mein Ansatz:
Wir gestalten Trainings von Beginn an persönlich und emotional. Sowohl einfache als auch komplexe Inhalte verbinden wir immer mit dem Leben und den Erfahrungen der Teilnehmenden.

Flipchart versus Powerpoint

Die bittere Realität:
Die meisten Präsentationen werden mit Powerpoint gestaltet, in schwarzer Schrift auf weißem Grund. Informationen wandern oder rasen dabei an den Augen des Publikums vorbei.

Die Alternative:
Menschen können sich Darstellungen in Farbe besser merken als schwarzweiße Visualisierungen. Zudem funktioniert das visuelle Lernen insgesamt besser, wenn der Inhalt erst vor den Augen des Publikums entsteht.

Mein Ansatz:
Ich schreibe die Kernaussagen meiner Inhalte im Moment des Lehrens in Farbe auf das Flipchart. Gestaltete Seiten hänge ich an die Wände, damit das Publikum und ich immer wieder auf die festgehaltenen Informationen zugreifen können.

Vielleicht ist dir während des Lesens der letzten Abschnitte bewusst geworden, wie gezielt ich neurowissenschaftliche Erkenntnisse nutze, um meinen Seminarteilnehmenden und Zuhörern bestmögliche Lernergebnisse zu bieten. Superlearning macht Wissen und Informationen für Menschen körperlich erfahrbar. Das Erlernte wird vom ersten Moment an gelebt und so weitaus tiefer verinnerlicht als bei konventionellen Lerntechniken.

Tipps für den roten Faden

Die große Kunst besteht natürlich darin, vollkommen frei zu sprechen. Der Profi wird seine Werkzeuge in dem Moment auspacken und passgenau einsetzen, wenn die Reaktion des Publikums ihm den entsprechenden Hinweis liefert. So kann er relativ spontan agieren. Bis du so weit bist, gibt es eine Menge Tricks, die du nutzen kannst, um deinem roten Faden zu folgen. Solltest du diesen einmal verlieren, bitte ich dich von Herzen, keine Entschuldigungen ins Publikum zu feuern. Denn niemanden interessieren Ausflüchte wie:

- »Ich mache das heute zum ersten Mal.«
- »Ich bin erkältet.«
- »Oh, der Beamer funktioniert nicht.«
- »Mein Laptop fährt nicht hoch.«

KEINE ENTSCHULDIGUNGEN!

Bei den Honoraren, die Menschen dir zukünftig für deine Arbeit zahlen, verlangen Auftraggeber zu Recht absolute Professionalität. Es gibt Berufe, bei denen interessiert es niemanden, wie es der Person, die ihn ausübt, gerade geht – und der des Speakers gehört dazu. Ich persönlich habe schon mit 39 Grad Fieber Keynotes gehalten, und einer meiner Mentoren stand anderthalb Stunden nach einem Beinbruch wieder mit Gips im Scheinwerferlicht.

Also: Jetzt wird es spannend – die Show beginnt. Damit du in deiner Aufregung nicht aus dem Konzept kommst, kannst du ein paar ebenso simple wie wirkungsvolle Hilfsmittel nutzen.

Insbesondere zu Beginn meiner Karriere habe ich Flipchart-Inhalte, die ich auf der Bühne mit dem Publikum kreieren wollte, auf Blättern vorgeschrieben und vor mir am Bühnenrand auf den Boden geklebt. Das kann das Publikum nicht sehen; und so wird es bass erstaunt sein, wie frei und professionell du sprichst.

Am besten funktioniert der Bleistifttrick. Du schreibst einfach alle Inhalte, die du vermitteln möchtest, oben links oder rechts auf das Flipchart-Papier. Das hat den Vorteil, dass die Worte zwar für dich aus der Nähe erkennbar sind, sie deinem Publikum jedoch verborgen bleiben. Umso beeindruckter wird es sein, dass du selbst die kompliziertesten Zusammenhänge so verständlich darstellen kannst.

Zu Beginn deiner Bühnenkarriere kannst du auch mit Karten in der Größe von Spielkarten arbeiten. Diese positionierst du dann zur Sicherheit in deiner Handinnenfläche.

Ich kann gar nicht eindringlich genug darauf hinweisen, wie unerlässlich Proben und eine gute Vorbereitung sind. Dennoch solltest du dich von der Vorstellung frei machen, dass du vom ersten Auftritt an superperfekt sein musst. Erinnere dich daran, wie lange ich beispielsweise für meinen großen Auftritt in der Lanxess Arena in Köln geübt habe! Viele große Sprecher in unserer Branche arbeiten mit den Methoden, die ich dir in diesem Kapitel vorgestellt habe. Probier aus, mit welcher du dich am wohlsten fühlst und welche dich am souveränsten auftreten lässt. Doch hör niemals damit auf, besser werden zu wollen.

Das Debriefing – hilft deinen Teilnehmenden, zu reflektieren

Es gibt etwas, das nach keiner Übung, keiner Erkenntnis und keinem Durchbruch deiner Teilnehmenden fehlen darf: das Debriefing. Dabei geschieht im Grunde genommen nichts anderes, als dass du die Teilnehmenden ihren persönlichen Kreis des Lernens schließen lässt. Versetz dich zunächst einmal gedanklich in die Rolle des Teilnehmenden. Du sitzt gerade in meinem Seminar und hattest einen Durchbruch. Wie fühlst du dich in diesem Augenblick? Die meisten Menschen empfinden eine Mischung aus Freude und Überforderung. Es ist wie das Betreten eines Raums, der gerade renoviert wird: Du kannst (noch) nichts erkennen, weil der Staub noch zu stark aufgewirbelt ist. Doch die Tür hinter dir ist verschlossen und du kannst nicht mehr zurück.

Das ist auch ein Angriff auf unseren nur allzu menschlichen Wunsch nach Kontrolle. Wir möchten den Überblick über unser Leben behalten. Doch nach derartigen Entwicklungsschritten ist dieser Zustand gar nicht so leicht wiederzuerlangen.

Und so stehst du als Sprecher oder Trainer vor der Wahl: Lasse ich meine Teilnehmenden in diesem aufgewirbelten Zustand und laufe Gefahr, dass sie mir nicht mehr richtig zuhören und am Ende des Tages verwirrt ihrer Wege ziehen? Oder stelle ich ein paar simple Fragen, die sie sich selbst beantworten können und wodurch sie im besten Fall wieder etwas mehr Klarheit erlangen? Für Letzteres gibt es ein gutes Muster:

- Was ist passiert?
- Was ist noch passiert?
- Wie fühlst du dich jetzt?
- Was machst du jetzt damit?

Praktisch funktioniert das so: Ich befrage einen der Teilnehmenden, der sich bereit erklärt hat, seine Eindrücke zu teilen: »Was ist passiert?« Meistens beschreibt er zunächst nur das, was sich ganz offensichtlich abgespielt hat. Das ist jedoch in der Regel nur die Spitze des Eisbergs. Also hake ich mit einer einfachen Frage nach: »Was ist noch passiert?« Und wie durch Magie fällt dem Teilnehmenden plötzlich noch viel mehr ein.

Danach kommt die einfache Frage: »Wie fühlst du dich jetzt?« Auch hier bewegt sich die Antwort des Teilnehmenden wahrscheinlich erst einmal an der Oberfläche. Angenommen, er antwortet: »Es geht mir gut.« Dann fahre ich auf keinen Fall sofort mit meinen Fragen fort, sondern warte einen Augenblick ab und schaue meinen Gesprächspartner nur ruhig an. Und in fast allen Fällen beginnt er, plötzlich viel mehr zu erzählen.

Nun kommt die finale Frage, um den Kreis zu schließen: »Was machst du jetzt damit?« Nun erklärt der Teilnehmende, wie er die Erfahrung in seinen Alltag integrieren möchte.

Hier das Beispiel eines Debriefings nach einer Übung, in der wahre Gefühle zugelassen worden sind:

Ich: »Was ist passiert?«
TN: »Während meine Kollegin von ihren Träumen erzählt hat, die sie bewegen, habe ich gespürt, wie ihre Maske gefallen ist.«
Ich: »Was ist noch passiert?«
TN: »Zunächst habe ich sie in eine Schublade gesteckt, doch nach ein paar Minuten habe ich viele Gemeinsamkeiten festgestellt.«
Ich: »Wie fühlst du dich jetzt?«
TN: »Gerade bin ich sehr emotional und dankbar dafür, dass ich eine ganz andere Seite meiner Kollegin kennenlernen durfte.«

Ich: »Was machst du jetzt mit dieser Erfahrung?«
TN: »Ich werde Menschen nicht mehr so schnell in Schubladen stecken und anderen gegenüber offener sein.«

Mit dieser Fragetechnik sicherst du die Erfahrung deiner Seminarteilnehmenden für deren Alltag. Oftmals würden sie ohne den Impuls von außen nicht so tiefgehend reflektieren und aus dem reinen Erleben keine Erfahrung in ihre Lebenswelt transferieren. Doch dafür besuchen sie deine Veranstaltung. Unterstütze sie dabei und unterschätze nicht die Wirkung des Debriefings für den Rest der Gruppe. Auch diejenigen, die nicht offen vor allen über ihre Erfahrungen sprechen, werden das automatisch mit ihren Empfindungen abgleichen und sich fragen, was sie daraus ziehen.

Betätigungsfelder & Verdienstmöglichkeiten

Lass uns doch mal über Geld sprechen – ein Thema, bei dem so mancher zusammenzuckt. Es ist hierzulande eher unüblich, über die Finanzen zu reden. Doch auch wenn die Verdienstmöglichkeiten für dich sicherlich nicht ausschlaggebend für deine Berufswahl waren, ist es doch sinnvoll, die üblichen Margen und Einsatzbereiche für einen Profi wie dich zu kennen. Wir gehen also in medias res.

Mit »Sprechen« Geld verdienen

Noch einmal: Geld sollte niemals der Motivator sein, in dieser wunderbaren Branche Fuß zu fassen. Ich gehe natürlich davon aus, dass das »Sprechen« deine große Leidenschaft ist, du deine Passion gefunden hast und du so vielen Menschen wie möglich helfen möchtest. Zunächst möchte ich dir sagen, dass du in einer Industrie gelandet bist, die jährlich mehrere Milliarden Euro umsetzt und dass du dir – wenn du gut bist – um Aufträge keine Sorgen machen musst. In diesem Kapitel möchte ich dir die Möglichkeiten aufzeigen, die dir der Markt bietet.

Für alles, was jetzt kommt, setze ich bei dir einen Proof of Concept voraus. Das bedeutet: Du hast dir in der Branche, die du beraten möchtest, bereits einen Namen gemacht. Wenn du zum Beispiel als Coach oder Trainer für Vertriebe arbeitest oder arbeiten möchtest, gehe ich davon aus, dass du selbst schon einen großen Vertrieb aufgebaut hast.

Wenn du Menschen im Bereich der Persönlichkeitsentwicklung schulen möchtest, solltest du sehr viel Erfahrung aus diesem Bereich mitbringen.

Ich verrate dir ein Geheimnis – du sitzt schon auf deiner ersten Million Euro Umsatz. Überprüfe es selbst mithilfe des nachfolgenden Templates:

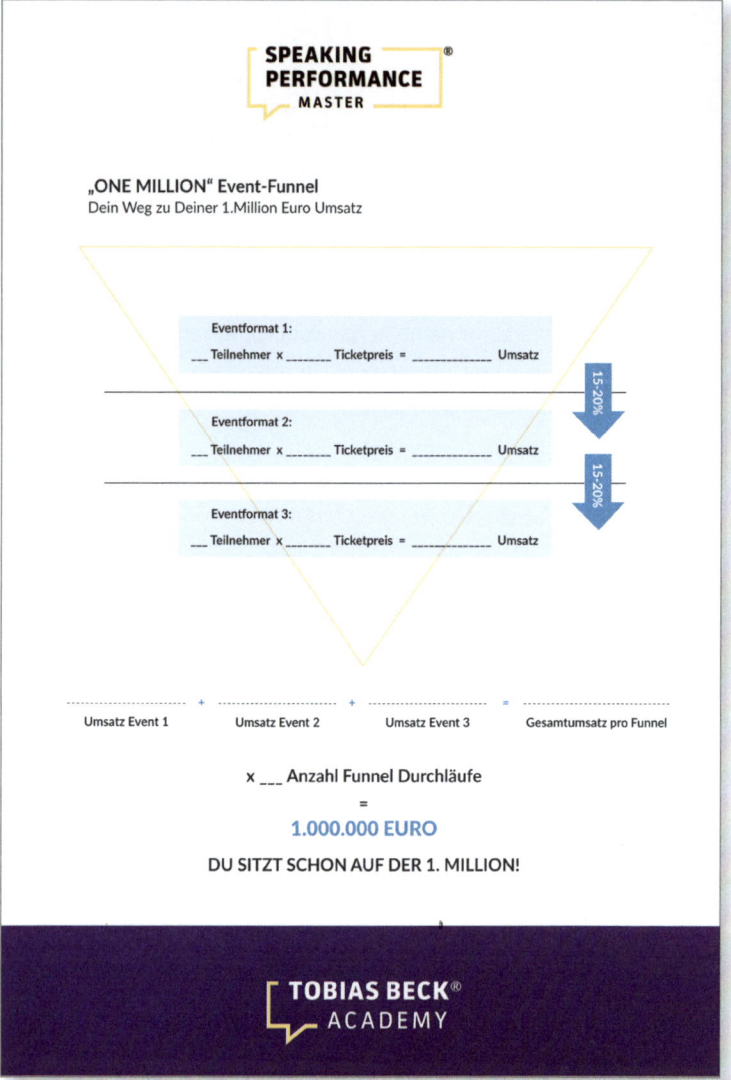

Wie viele Funnel-Durchläufe benötigst du, um deine erste Million Euro Umsatz zu machen?

_____

_____

_____

_____

_____

Über die verschiedenen Berufsbezeichnungen und Einsatzmöglichkeiten in unserer Branche herrscht zuweilen etwas Unklarheit. Hier kommt ein Überblick inklusive einiger interessanter Zahlen.

Coach

Ein Coach begleitet Menschen professionell bei der eigenständigen Lösungsfindung. Er gibt zwar auch Hilfestellungen, Tipps und Ratschläge, ist aber vor allem ein guter Zuhörer, der gezielt Fragen stellt. Es ist sehr modern geworden, sich coachen zu lassen, und ich sehe einen immensen Wachstumsmarkt dafür. Besonders in privaten wie beruflichen Umbruchzeiten kann der Coach eine große Stütze sein. Für viele liegt im Einzelcoaching der Schlüssel zur Veränderung, und ich kenne viele Menschen, die als Coach und Wegbegleiter sehr glücklich sind. Denn wie wir ja alle wissen, erfüllt es uns auch selbst, wenn wir anderen helfen. Das Einkommen eines Coaches variiert stark aufgrund folgender Faktoren:

- Branche/Industrie
- Erfahrung
- Bekanntheitsgrad
- Marketing
- Weiterempfehlungsquote

Der Durchschnitt liegt bei etwa 180 Euro pro Stunde. Ich kenne jedoch auch Coaches mit einem Stundensatz von über 1 000 Euro.

Trainer

Trainer gibt es wie Sand am Meer. Deshalb ist es für diese Berufsgruppe besonders wichtig, den Bauchladen zu Hause zu lassen und sich von Beginn an clever und spitz im Markt zu positionieren. Besonders skeptisch werde ich immer, wenn Trainer vom Zeitmanagement bis zur gewaltfreien Kommunikation »alles« anbieten.

Mein Tipp: schnell Fachmann für genau ein Thema werden und sich auch finanziell entsprechend positionieren. Ein Kardiologe verdient ja auch mehr als ein Allgemeinmediziner!

Beim Einkommen gelten im Grunde die gleichen Variablen wie beim Coach. Jedoch kommt ein wesentlicher Faktor für Erfolg hinzu: Vernetzung und Kontakte zu Entscheidern.

Der durchschnittliche Tagessatz eines Trainers liegt zwischen 1 000 und 5 000 Euro.

An dieser Stelle möchte ich dir noch einen guten Tipp geben: Wenn Trainer gesucht werden, geht die Anfrage immer an eine ganze Datenbank möglicher Kandidaten raus. Deshalb ist hier Schnelligkeit gefragt. Wenn du erst einmal einen Fuß in die Tür bekommen möchtest, geh mit deinem Tagessatz nicht über 2 999 Euro, denn bis zu diesem Betrag können die Einkäufer oft selbst entscheiden, ohne Führungskräfte zu involvieren.

Moderator

Viele große Speaker haben als Moderatoren angefangen, um Bühnenerfahrung zu sammeln und ein Netzwerk mit Kontakten zu Entscheidern aufzubauen. Auch ich habe jahrelang Hunderte Veranstaltungen moderiert und dabei sehr viele Speaker kennengelernt. Eines Tages habe ich mir jedoch die Frage gestellt, warum ich von morgens bis abends auf den Beinen sein muss und tagelang die Agenda studiere, um Speaker anzukündigen, die für eine 35-minütige Keynote das (bis zu) Zehnfache meines Tagessatzes bekamen. Viele Stars aus den klassischen Medien wie Fernsehen, Radio und Film springen gerade auf den Zug des professionellen Sprechens auf, da sie merken, wie lukrativ dieses Business ist. Auch für sie gibt es teils böse Überraschungen, denn vielen von ihnen fehlt die Erfahrung damit, allein vor dem Publikum zu stehen.

Auch bei den Moderatoren gibt es eine breite Honorarspanne, die von der Baumarkteröffnung für 500 Euro bis zu 10 000 Euro Tagesgage für etablierte und gute TV-Moderatoren stark variiert.

Keynote-Speaker

Der Keynote-Speaker ist schon wesentlich weiter als der Trainer. Er hat aus sich eine Marke gemacht und wird eingeladen, um nicht nur zu informieren, sondern um Menschen, insbesondere zu Beginn einer Veranstaltung, zu inspirieren. Immer häufiger suchen Veranstalter im Internet nach Speakern und deshalb ist es extrem wichtig, dort kurze und qualitativ hochwertige Videos von dir vor Publikum zu zeigen.

Aus eigener Erfahrung kann ich dir sagen: Wenn du mit einem deiner Videos einmal mehrere Hunderttausend Klicks erzielt hast, wirst du nur noch weitergereicht und musst dir um Akquise keine Sorgen mehr machen. Unter uns: Ich habe mich noch nie bei einem Unternehmen für eine Keynote oder für einen Auftrag als Speaker beworben. Meine Mentoren haben mir beigebracht, so gut zu werden, dass die Kunden ganz von alleine kommen.

Das Einkommensniveau für Keynotes liegt in Deutschland erfahrungsgemäß zwischen 4 000 und 13 000 Euro pro 35 bis 90 Minuten – je nach Bekanntheitsgrad.

Und bevor du nun Schnappatmung bekommst, möchte ich dir sagen: Das ist noch lange nicht das Ende der Fahnenstange. Denn der Spaß beginnt erst so richtig, wenn du deine eigenen öffentlichen Seminare veranstaltest. Dabei verdienst du nicht nur an den Eintrittspreisen, sondern auch durch Merchandising, Kooperationen, Werbepartner und so weiter.

Öffentliche Seminare

Es macht Sinn, mit einem Einsteigerseminar zu beginnen, das so gut ist, dass du dir die Werbung dafür sparen kannst. Im besten Fall wird es von den begeisterten Teilnehmenden automatisch ihren Freunden empfohlen, die es später wiederum ihren Freunden ans Herz legen – und so weiter. Mit diesem Seminar musst du nicht einmal zwingend Geld verdienen, denn dort kannst du denjenigen, die weiter mit dir wachsen wollen, ein Angebot machen. Doch bitte tu dem Markt einen Gefallen und mach keine Kaffeefahrt aus deiner Einsteigerveranstaltung, bei der du permanent weitere Seminare verkaufst. Das nervt die Teilnehmenden und dein Name ist schnell wieder vom Markt verschwunden. Die Faustregel lautet: 1 bis 5 Prozent deiner Seminarzeit darfst du zum Verkaufen nutzen. Bei unserer »Masterclass of Personality«, die neun Stunden dauert, verkaufe ich im Schnitt 15 bis 20 Minuten. Diesen Prozess bringen wir dir gerne beim »Speaking Performance Master« bei; die Erklärung würde den Rahmen dieses Buches bei Weitem sprengen. Es hat mich allein zwei Jahre gekostet, diejenigen Hebel zu finden, die im deutschsprachigen Raum funktionieren.

Pro Verkauf von der Bühne kannst du mit ca. 25 Prozent der Anwesendenzahl im Raum mal Summe × in Euro rechnen, die dein Folgeseminar kostet.

Beispiel: Niedrigpreisseminar

- 100 Teilnehmende –
  25 davon kaufen dein Folgeseminar für 1 000 € = 25 000 €
- 1 000 Teilnehmende –
  250 davon kaufen dein Folgeseminar für 1 000 € = 250 000 €
- 10 000 Teilnehmende –
  2 500 davon kaufen dein Folgeseminar für 1 000 € = 2,5 Mio. €

Beispiel: Hochpreisseminar

- 60 Teilnehmende –
  15 kaufen dein Folgeprodukt für 10 000 € =150 000 €
- 30 Teilnehmende –
  7 kaufen dein Spitzenprodukt für 40 000 € = 280 000 €

Barter Agreement

Insbesondere zu Beginn deiner Karriere als Trainer, Coach oder Speaker brauchst du vor allem eines: zahlende Kunden und Referenzen, um Interessenten von deiner Leistung zu überzeugen.

Hier ist die Geheimformel, mit der es mir gelungen ist, von den größten Dax-Konzernen bis zum internationalen Pharmaunternehmen Hunderte von Firmen in meine Referenzenliste zu bringen: Agiere lokal und denke global.

Am besten beginnst du, ohne dass dir große Kosten entstehen, in deinem direkten Umfeld. Der Erstkontakt ist selbstverständlich kostenlos. Du sprichst beispielsweise mit dem Besitzer des Autohauses, in dem du deinen Wagen gekauft hast, oder mit dem Chef deines Lieblingsrestaurants. Und das geht so:

Du: »Stehen Sie auch vor der Herausforderung, dass Kunden bei steigenden Kosten mehr Service verlangen und gleichzeitig weniger bezahlen wollen?« (Gesprächspartner nickt) »Wie wäre es, wenn ich

Ihr Team 45 Minuten lang die Geheimnisse der Kundenverblüffung erleben lasse, der Umsatz anschließend steigt und Ihre Mitarbeiter noch mehr Spaß an der Arbeit haben?«

Besitzer: »Klingt gut, nur ein solches Training kann ich mir bestimmt nicht leisten, wir haben auch gar kein Budget dafür vorgesehen.«

Du: »Das erste Training mache ich komplett kostenlos und da ich die Problematik des Budgets natürlich gut kenne, treffen wir im Anschluss gerne ein ›Barter Agreement‹«.

Besitzer: »Ein was?«

Du: »Wir machen einen Tauschhandel. Nur dann, wenn Sie hundertprozentig mit dem Training zufrieden waren, es messbare Ergebnisse erzielt hat und wir gemeinsam weitermachen wollen, bekomme ich von Ihnen im Gegenzug einen Satz Winterreifen / × Besuche in Ihrem Restaurant …«

Die Erfolgsquote ist absolut gigantisch. Ich kenne Menschen, die wohnen wochenlang in den schicksten Hotels der Welt, haben sich einen Kamin oder eine Sauna einbauen lassen und bezahlen ihr Abendessen mit einem Augenzwinkern.

Achtung: Der geldwerte Vorteil muss natürlich versteuert werden! Wichtig ist, dass wechselseitig eine korrekte Rechnung gestellt wird. Damit du keinen steuerlichen Nachteil erleidest, frag bitte vorher deinen Steuerberater, welche Formalien beim Barter Agreement einzuhalten sind. Und lies Details dazu im Kapitel »Übernimm das Steuer in deinem Business«.

Hier eine kleine Hilfestellung für deine ersten Kunden:

- Wer von deinen Freunden oder Verwandten ist selbstständig?
- Wer in deinem Umfeld arbeitet im Personalbereich einer Firma?
- Wo hast du deine Versicherung abgeschlossen?
- Wo hast du dein Auto gekauft?
- Bei welchen Unternehmen nimmst du Dienstleistungen in Anspruch?

In unserer Branche musst du zu einem Menschenmagneten werden, und viel wichtiger als die Frage, wen du kennst, ist: Wer kennt dich? Wenn deine Leistung so exorbitant gut ist, dass im ganzen Unternehmen alle von deinem Training und deiner Rede sprechen – und wenn du keinen Staub aufwirbelst, sondern Fußstapfen hinterlässt –, brauchst du keine Kunden zu gewinnen.

Du wirst einfach herumgereicht. Denk doch mal über Folgendes nach: Wer kommt auf die Gartenparty eines Personalchefs? Genau, Personalchefs anderer Unternehmen. Und worüber reden die zukünftig? Über dich! Wer kommt auf die Gartenparty eines CEO? Genau, CEOs anderer Unternehmen. Und worüber reden die zukünftig? Über dich! Was für eine wunderbare Vorstellung.

Wenn du dir dann einmal einen Namen gemacht hast, kannst du ganz langsam über die nächsten Jahre hinweg die Preise anziehen. Das machst du natürlich nicht in den Unternehmen, die dir zu Beginn die Bühne gegeben haben. Dort bleibst du aus Dankbarkeit immer ganz moderat. Warum? Weil diese Unternehmen am Anfang deiner Karriere an dich geglaubt haben. Und bitte vergiss niemals: Verdienen kommt von Dienen!

Dein Modell

Inzwischen wird dir eines schon aufgefallen sein: Es gibt keine Magie und der Erfolg aller großen Trainer und Speaker basiert auf Werkzeugen, Erfahrung und der Durchdringung eines immer größer werdenden Marktes. Wie dir das gelingt? Indem du »dein« Modell etablierst und immer weiter verbesserst. Wenn du also clever bist, nutzt du nicht die Modelle anderer oder kaufst teure Lernspiele, sondern nimmst dir die Zeit, selbst etwas zu entwickeln.

Nehmen wir doch einmal mein supererfolgreiches Modell der vier tierischen Menschentypen – du erinnerst dich: Delfine, Eulen, Haie und Wale – als Beispiel. Habe ich das selbst erfunden? Ja und nein, denn wir stehen immer auf den Schultern von Riesen und dürfen uns von erfolgreichen Modellen inspirieren lassen. Das Ganze basiert auf der Viersäftelehre nach Hippokrates und da dieser schon ewig und drei Tage nicht mehr unter uns ist, konnte ich ihn nicht um Erlaubnis fragen, sein Modell in abgewandelter Form wieder aufleben zu lassen.

Menschen können sich Tiere besser merken als Körperflüssigkeiten oder Farben. So habe ich einfach die Symbole ausgetauscht und durch Tiere ersetzt. Eulen sehen alles, Delfine wollen spielen, Wale wollen helfen und Haie beißen gerne einmal um sich. Rückblickend war es wohl einer der cleversten Schachzüge meiner Karriere, die von mir entwickelten Modelle – darunter die vier tierischen Menschentypen – lizensieren und rechtlich schützen zu lassen. Und das solltest du auch tun! Zusätzlich habe ich mithilfe von ein paar technisch versierten Freunden Tests für meine Website programmieren lassen, die monatlich tausendfach benutzt werden. Menschen lieben Tests! Es interessiert sie brennend, was sie sind und was das für sie und ihr Leben bedeutet.

Welcher Menschentyp sind Sie?

Ihre Auswertung

Zusamenfassung als PDF herunterladen

Auf folgende Signale habe ich geachtet, bevor ich die Modelle für teures Geld habe lizensieren lassen:

- Der Test auf der Website wurde nach meinen Kursen von den Freunden der Teilnehmenden genutzt.
- Auf den Schreibtischen der Republik standen plötzlich Tierfiguren (Eulen / Wale / Haie / Delfine).
- Die Personalabteilungen suchten unter den Bewerbern nach bestimmten Tiertypen und änderten in den firmeninternen Unterlagen das Wording.
- In vielen Unternehmen ging man in den Meetings auf die einzelnen Persönlichkeitstypen ein.
- Andere Trainer fragten mich, ob sie den Test übernehmen dürfen.
- Agenturen boten mir an, die Modelle zu übernehmen.
- Große Unternehmen ersetzten vorhandene Modelle (z. B. mit Farben) durch das Tiermodell.

Hast du schon ein Modell oder ein Thema, das gute Resultate erzielt und über das alle reden?

Welches deiner Themen kann durch ein einfaches Modell untermauert werden?

Welches Thema kannst du auf einfache Symbole herunterbrechen?

Jetzt bist du dran: Vielleicht schaffst du es, dein Modell in diesen Rahmen zu setzen:

Duplikation

In meiner Welt ist Erfolg wertlos, wenn wir andere Menschen nicht mit auf die Reise nehmen, Türen öffnen und mit einer Taschenlampe vorangehen. Was nützen dir die besten Modelle, wenn du diese nicht hebeln kannst und immer alleine von Stadt zu Stadt fährst? Es ist doch viel sinnvoller, deine Werkzeuge an andere Menschen abzugeben und eine Provision zu nehmen, wenn sie diese nutzen.

Als ich vor vielen Jahren die Entscheidung getroffen habe, nach außen zu gehen und den Markt zu erobern, habe ich sofort einen Schritt weiter gedacht und wollte Menschen in meinem direkten Umfeld mit einbinden. Ich erinnere mich an ein Meeting in meinem Reihenmittelhaus in Kelsterbach, wo wir mit Trainerkolleginnen und -kollegen erste Pläne geschmiedet haben. Es waren einige Leute da, doch am Ende waren nur zwei von ihnen bereit, den Preis zu zahlen, um dauerhaft mit mir zusammenzuarbeiten.

Und das sollte nicht einfach werden. Meine Ansprüche an eine Trainerpersönlichkeit, die ich in meinem Namen zu meinen Kunden fahren lasse, sind riesig. Vor allem achte ich bei der Auswahl meiner Partner darauf, dass sie ein großes Herz und ein kleines Ego mitbringen. Menschen mögen Menschen, denen sie schnell vertrauen können und die bereitwillig jeden Tag mitfühlend ihr Herz öffnen, um in jeder Situation fühlen zu können, was eine Gruppe braucht.

Mit anderen Worten: Ich suchte nach Menschen, die bereit waren, »bedingungslos« zu dienen und andere Menschen groß zu machen. Das ist wohl die Geheimzutat aller ganz großen Trainer und Speaker. Und es kommt, wenn alles gut läuft, auch für dich der Moment, in dem du für Geld nicht mehr arbeiten musst, und dann geht es ums Dienen.

Eine weitere Voraussetzung für eine Zusammenarbeit war fließendes Englisch auf dem Niveau, Trainings durchführen zu können. Warum? Die meisten deutschsprachigen Unternehmen haben auf der ganzen Welt Niederlassungen und auch dort musst du natürlich hinfliegen, um langfristig Fußstapfen statt Staub zu hinterlassen.

In meinen 15 Jahren als Trainer war ich in über 30 Ländern und habe von Indien über China bis nach Russland in so gut wie allen Kulturen Erfahrungen sammeln dürfen. Ich habe auch immer alle Anfragen angenommen, auch jene, vor denen ich Angst hatte, wie etwa in Nigeria oder Pakistan. Auf den Philippinen wurde ich zum Beispiel jeden Tag von einem bewaffneten Fahrer in die Firma gebracht und von morgens bis abends begleitet. Im Nachhinein gaben mir aber genau diese Erfahrungen den Rückenwind, auch auf internationalem Terrain agieren zu können.

Von Anfang an war es mir wichtig, mit Partnern auf Augenhöhe zu arbeiten, die ebenso bereitwillig wie ich in ihre persönliche Entwicklung und Weiterbildung investieren. Und das ist sowohl teuer als auch langwierig. Wie ich schon sagte: Nur zwei besondere Menschen waren bereit, diese Erwartungen zu erfüllen. Meine Freunde und Headcoaches Yvonne Schönau und Christian Gaertner.

Im Anschluss an dieses Kapitel kannst du ihre Version der Geschichte lesen und du darfst gespannt sein. Damals gab es übrigens noch nichts außer meinen Seminaren für große Unternehmen. Ich konnte den anderen also nur von meiner Vision erzählen, eines Tages zu den größten Seminaranbietern im deutschsprachigen Raum zu gehören. Es hieß also, jahrelang in eine ungewisse Zukunft einzuzahlen und alle Schmerzen des Wachstums mit auszuhalten.

Dazu gibt es übrigens ein spannendes Experiment, das du vielleicht aus dem Fernsehen kennst. Ursprünglich handelt es sich um das Stanford-Marshmallow-Experiment, bei dem getestet wird, ob Kinder bereit sind zu warten, um im Anschluss eine viel größere Belohnung zu bekommen. Sie werden dafür in einen Raum geführt, jemand gibt ihnen ein Marshmallow und sagt: »Wenn du wartest, bis ich wiederkomme, bekommst du ein zweites Marshmallow und darfst beide essen.«

Du ahnst es wahrscheinlich schon: Die meisten Kinder und auch viele Erwachsene können und wollen nicht warten und geben sich mit dem einen Marshmallow zufrieden. Das ist der Hauptgrund, warum die meisten es nicht auf die große Bühne schaffen.

Du musst bereit sein, den Preis des Erfolges zu zahlen!

Schau dir hier das Video an; für mich ist das einer der Schlüssel für den Erfolg auf der ganz großen Bühne:

https://www.tobias-beck.com/buecher/die-rede-deines-lebens/linksammlung/

Yvonne und Christian haben gewartet, ihre eigenen Modelle und Seminare entwickelt und eingezahlt. Hier ist ihre Geschichte.

Yvonne Schönau

Wenn du diese Zeilen liest, wirst du wahrscheinlich ein Bild von Tobi im Kopf haben, wie er jetzt ist. Bekannter Speaker, Bestseller-Autor und ein Mensch, dessen Leben vielleicht unerreichbar scheint. Was du in diesem Augenblick nicht siehst, ist der Weg, den er gegangen ist. Die folgenden Zeilen sind für dich, um dir Mut zu machen, deinen Weg zu gehen.

Tobi war für mich immer Vorbild – und gleichzeitig Begrenzung, denn zu Beginn meiner Reise zu mir und »meiner Rede meines Lebens« war ich im Vergleich und dachte, ich müsse so sein wie er. Ich nehme dich jetzt mit auf meine Reise, die ich ohne Tobi wahrscheinlich nie angetreten hätte. Lass ihn dein Inspirator sein, so wie er es für mich war und ist.

Als Kind und Teenager habe ich mich immer gefragt: Wie finden Menschen ihren Weg im Leben? Wieso können wir nicht eine Welt schaffen, die allen gut tut? Aufgewachsen in Wülfrath bei Wuppertal freute ich mich sehr auf das Erwachsenwerden. Ich malte mir aus, erwachsen zu sein bedeute, frei zu sein: eigene Entscheidungen zu treffen, niemand sagt dir, was du zu tun und zu lassen hast und dass dir alles im Leben offensteht.

Dann kam die Schulzeit. Durch meine guten Noten war ich die Streberin und es entwickelte sich der Gedanke in mir »Ich gehöre nicht dazu«, denn die Ausgrenzung tat weh. Ich wollte so schnell wie möglich da raus und dachte, »wenn ich schon nicht dazugehöre, dann bin ich eben die Beste« – und mein Leistungsgen wurde geboren. Während meiner Ausbildung zur Werbekauffrau wurde ich von meinen Kolleginnen gemobbt und da tauchte dieses Muster wieder auf. Also ging ich in die Leistung und absolvierte in 2 Jahren, was andere in 2,5 oder 3 Jahren schaffen.

Tief in mir drin war aber immer noch die brennende Suche nach anderen Wegen, um mehr aus meinem Leben zu machen. Ich entschied mich, an der Uni Duisburg-Essen Kommunikationswissenschaften und Philosophie zu studieren. Angetrieben von dem Wunsch zu begreifen, warum Menschen sich verstehen oder eben nicht, und um mich in erster Linie selbst zu verstehen. Dort – im Grundkurs – lernte ich 2003 Tobi kennen.

Ständig zu spät kommend musste ich im Auditorium ganz hinten auf der Treppe beim Eingang sitzen – mit Tobi. Top angezogen mit Anzug, dicker Brille und schick gestylten Haaren kam er noch nach mir in die Vorlesung. Wir waren sofort auf einer Wellenlänge durch unseren Dialekt und unseren Humor. Tobi beeindruckte mich schon damals durch seine Art, groß zu denken. Als er mich zu einem Event des Vertriebs in Köln einlud, für den er schon in einer Führungsposition tätig war, zögerte ich keinen Moment.

Das war der Beginn von allem. Wir arbeiteten mehrere Jahre neben dem Studium selbstständig in diesem Vertrieb zusammen. Tobi übernahm die Trainings, erzählte Geschichten und ich moderierte ihn an. Ich liebte die Energie, die wir im Team hatten. Gemeinsam an einer Mission zu arbeiten, gut drauf zu sein, andere zu bewegen.

Die Phase im Vertrieb war definitiv eine der wertvollsten für mich, denn lernte durch den Verkauf so viel über mich wie nie zuvor. Am Anfang ging es nur um mich. Ich wollte mehr vom Leben und liebte es, durch Fleiß und Unterstützung anderer selbst erfolgreich zu werden. Doch ich stand mir selbst im Weg – mit der Ablehnung im Verkauf klarzukommen, von Freunden für meine großen Träume belächelt zu werden, statt Unterstützung zu erhalten, tat wieder weh. Die Frage, warum ich wirklich hier auf der Welt bin, verbunden mit dem Wunsch, tatsächlich einen Unterschied zu bewirken, konnte ich jedoch mit der Arbeit im Vertrieb nicht beantworten. Zudem verdiente ich mit der Vertriebstätigkeit recht wenig. Ich studierte, baute mein Business auf (weil´s cool klang) und hatte drei Jobs gleichzeitig. Ich war kurz vorm Burnout, mein Lebenslauf hatte keinen roten Faden. Warum so viele Jobs? Ich traf einige finanzielle Fehlentscheidungen, die Studiengebühren waren hoch. Ich musste Kredite aufnehmen. Gleichzeitig versuchte ich meine Darlehen abzubauen.

Der Gedanke »nicht genug« zu sein, war mein innerer Antreiber. Daher glaubte ich, mehr leisten zu müssen. Mein Selbstwert war an mein Bankkonto geknüpft und dieses hatte nur rote Zahlen aufzuweisen. In dieser Situation traf Tobis Vorschlag, zu Tony Robbins nach New Jersey zu fliegen, auf offene Ohren. Seine Begründung: »Jeder, der erfolgreich sein will, muss sich auch mit sich beschäftigen. Erst kommt inneres Wachstum, dann äußeres.«

Mein erstes Persönlichkeitsentwicklungsseminar all inclusive: über glühende Kohle laufen, limitierende Glaubenssätze auflösen und groß denken. Da war ich 23 – und spürte zum ersten Mal, dass ich stärker bin, als ich denke. Dieses Gefühl hielt leider nicht lange an. Zurück zu Hause im alten Umfeld wusste ich nun theoretisch, dass mehr in mir steckte, aber wie sollte ich das im Alltag unterbringen und anwenden?

Hast du auch schon mal verschiedene Sachen ausprobiert, nichts funktionierte wirklich und du dachtest, dass alles gar keinen Zusammenhang hat? Dann plötzlich, rückblickend, macht doch alles wieder Sinn?

Zehn Jahre, viele Jobs, finanzielle Fehlentscheidungen, Gründung einer GmbH und ein abgebrochenes Studium später bekam ich 2014 die Chance, für drei Jahre nach Shanghai zu gehen und dort zu leben. Eine der besten Entscheidungen meines Lebens, die mich zu meiner Berufung brachte. Anfangs hatte ich jedoch große Angst. Fremde Kultur, fremde Sprache. Wie sollte ich Geld verdienen?

Im Frühling 2015 saß ich dann in dieser fancy Großstadt, die vom Konsum regiert wird, und fühlte mich wieder nicht dazugehörig. Ich war am anderen Ende der Welt und mir fehlte etwas. Also rief ich Tobi an. »Tobi, ich vermisse die Energie, das Gefühl von: wir machen gemeinsam was Großes. Was muss ich tun, damit wir zusammenarbeiten können?« Tobi sagte mir, dass ich die gleichen Ausbildungen wie er machen solle. »Flieg zu dem Seminar nach Singapur und dann sehen wir weiter. Ich kann dir nichts versprechen, aber du musst einfach dranbleiben.« Oh, oh. »Wie sollte ich das bezahlen?« war wie immer die erste Frage in meinem Kopf.

Ich fand einen Weg, flog drei Monate später nach Singapur und hatte die fünf Tage meines Lebens, die den Grundstein legten, mich auf die Bühne mit meiner Berufung zu bringen. Zudem hatte ich die Hoffnung, auch mal eine Frau auf der Bühne zu sehen, mit der ich mich identifizieren konnte. Wie bringt man Selbstverwirklichung und Familie unter einen Hut? Leider gab es auch dort keine Frauen auf der Bühne und ich hatte als Teilnehmerin keine eigene Botschaft – weder als Trainerin noch als Mensch. Ich war dort mit Tobis Tiermodell und kam mir doof vor, weil ich nichts Eigenes hatte. Denn ich wusste ja (noch) nicht, wer ich bin.

Ich erkannte dort durch einige Übungen, dass ich mein Gehirn nicht immer zu meinem Vorteil nutzte und es mit einem Dreiklang mein Leben vermieste. Wenn eine Herausforderung VOR mir lag, machte ich mich komplett verrückt und hatte hohe Erwartungen an mich. WÄHRENDDESSEN bekam ich nichts von dem Prozess mit, aber DANACH erzählte mein Gehirn mir, dass ich nicht gut genug war. Dieser ersten Erkenntnis folgten weitere. Ich besuchte im Dezember 2015 das nächste Seminar. Ich musste dranbleiben. Ich wusste, dass ich mit Skills nicht mehr weiterkomme, sondern mich mir selbst stellen musste. Dort lernte ich meinen Mentor Larry Gilman kennen. Ich kam mit Tobis Tiermodell – und ging mit dem Thema Liebe und Emotionen.

Ich musste auf der Bühne eine Situation beschreiben, die mich emotional stark bewegt hat. »Kein Problem, performen und abliefern kann ich.« Dann passierte es. Ich wurde gesehen. Als Mensch. Larry sah mich – er sah hinter meine »Stärke« – und sagte zu mir: »Yvonne, du musst nichts mehr leisten. Du bist gut genug. Halte das Chaos in dir aus, ohne etwas regeln zu müssen. Das ist viel zu anstrengend. Du musst unglaublich müde sein.«

Wow. Pure Erleichterung. Eine schwere Last fiel von mir ab. Ich gab mich hin. Ich erkannte, dass ich mehr bin als meine Leistungen, mein Bankkonto oder mein Aussehen. Ich habe Wert. Einfach, weil ich bin. Ich spürte, dass ich danach so lange gesucht hatte.

Kurz vor Weihnachten 2015 kam dann der letzte Weckruf, den ich brauchte, um meinen Weg zu gehen. Die Firma, bei der ich als Freelancerin arbeitete, sagte mir eine Woche vor Weihnachten, dass sie 2016 kein Budget mehr für mich habe. Mir wurde schlecht. Ich fühlte meine Existenz bedroht. Ich rief Tobi an und sagte: »Wir müssen reden, wie wir endlich ein gemeinsames Event rausbringen. Jetzt.«

Drei Monate später im März 2016 fand die erste »Masterclass of Personality« statt – mit 150 Menschen. Sechs Monate später war ich Head-Coach der Tobias Beck Academy.

Kennst du das Gefühl, angekommen zu sein? Dieses Gefühl hatte ich, als ich beim »Speaking Performance Practitioner« mit Christian unter den Teilnehmenden saß und Tobi zuhörte. Wir saßen in unserem Raum, konnten anderen mitgeben, was wir gelernt hatten. Ich fühlte, ich bin angekommen. Mit Menschen zu arbeiten und ihnen einen Rahmen zu geben, in dem sie sich ausprobieren und ihre eigene Größe wiederentdecken können, ist, was ich tun wollte.

Im Januar 2017 gab mir Tobi dann den Impuls für meinen nächsten Schritt. Besser gesagt, zwang er mich zu einem Interview in seinem Podcast. Er sagte: »In einer Stunde nehmen wir das Interview auf und am Ende erzählst du was über die Mastery of Self Expression und dein Seminar.« Schluck. Ich fühlte mich alles andere als ready. Manchmal brauchst du eben jemanden im Leben, der den Druck auf dich erhöht, damit du zum Diamanten werden kannst. Ich dachte an meinen Mentor, der sagte »Make your move before you are ready.« Das war wohl der Move.

Im Oktober 2017 fand mein erstes Seminar statt: die Mastery of Self Expression. Ich bin damit die Erste, die lizensiert ist, das Programm von Larry Gilman in Europa durchzuführen, bei dem das Individuum im Mittelpunkt steht und jede:n Einzelne:n in ihrer/seiner Einzigartigkeit ehrt. Das Programm, bei dem ich selbst mal als Teilnehmerin saß und das mir half, voll und ganz mich mit mir, meiner Stimme, meiner Vision und meinen Emotionen in Kontakt zu bringen.

Jetzt im Juni 2022 darf ich nun gemeinsam mit meinem Team der Emotional Leadership Company die Botschaft, mit der mein Mentor vor 40 Jahren begonnen hat, weitertragen. Wir bilden Menschen online und offline zu Emotional Leader:innen und Coaches aus, damit sie die Kraft der Emotionen für sich nutzen. Emotion ist Energie in Bewegung. Wir bleiben genauso in Bewegung und blicken nun auf ein Portfolio von Ausbildungen, die sich stets weiterentwickeln, so wie ich es tue. Ich verbinde Wissenschaft mit Spiritualität, darf Emotional Leadership an der Goethe-Universität Frankfurt unterrichten und wir haben den Spice Up Your Business-Bereich gegründet, damit die Leader:innen sich nicht nur in ihrer Persönlichkeit entwickeln sondern auch im eigenen Businessaufbau Unterstützung bekommen.

Manchmal läuft die Zeit vor meinem inneren Auge in Superspeed ab. Ich sehe mich noch als Teilnehmerin ohne Plan im ersten Seminar sitzen, wie ich Entscheidungen traf, weil ich voll und ganz für mich leben wollte, und jetzt entscheiden sich Menschen für mich – egal ob als Teilnehmer:in oder im Team. Ich bin meinem früheren suchenden Ich, dass planlos schien, so dankbar, dass es sich von Etwas hat leiten lassen, dass sich größer angefühlt hat.

All das hat uns jetzt in diesem Augenblick zusammengeführt. Ich schaue voller Ehrfurcht auf das, was schon da ist, sehe die Zusammenhänge wie Knotenpunkte des Lebens, die von jetzt aus rückwärts betrachtet so klar sind, und schaue auf das Wunder, was noch vor uns liegt. Schön, dass du nun ein Teil davon bist.

Alles ist Schritt für Schritt gewachsen: ob mein Podcast »Raus aus deinem Kopf« oder der Einstieg in unsere Welt, die Emotionen Entdecker Tour.

Ich bin so unendlich dankbar für jeden Menschen, der mir und meinem Team heute Vertrauen schenkt, der die Reise mit uns geht und dem wir dienen dürfen. Und das Wichtigste: Es geht bei all dem nicht mehr um mich, sondern um diejenigen, denen ich jetzt helfen darf, ihren Weg zu gehen – privat und beruflich, und die ich ausbilden darf, das zu tun, was ich tue. Damit mache ich Platz für andere, damit sie sich als Leader:innen entwickeln dürfen.

Heute weiß und fühle ich, dass ich hier bin, um andere an ihre innere Kraft zu erinnern, damit sie raus aus ihrem Kopf kommen und ihr Gefühl mit sich verbinden, um mehr sie selbst zu sein. Damit Menschen endlich ihre Stimme für sich selbst nutzen und die Leader in sich erwecken. Denn wir brauchen neues Leadership in dieser Welt, um sie zu einer besseren zu machen. Was für eine Verantwortung!

Tobi ist mein Superstar. Wäre er nicht vorgegangen, hätte er mich nicht liebevoll gezwungen, dann wäre ich nicht da, wo ich jetzt bin. Ist es immer leicht? Nein. Lohnt es sich? Oh ja. Jeder einzelne Schritt ist es wert. Bleib dran, dann kommst du auf einmal in dem Leben an, von dem du immer geträumt hast.

Christian Gaertner

Kurz vor Weihnachten 2014 erhielt ich einen Anruf, den ich nie vergessen werde. »Christian, ab jetzt wird alles anders! Wir haben eine Aufgabe, wir müssen etwas tun. Von jetzt an kein Klein-Klein mehr, wir legen richtig los!« Tobi war wie verwandelt. Seit 2003 kannten wir uns nun schon. Viele gemeinsam erlebte Höhen und Tiefen haben unsere Freundschaft gestärkt und auch unsere Familien eng zusammengeschweißt. Doch die tiefe Überzeugung und Leidenschaft, mit der Tobi sprach, überraschte selbst mich.

Ich wusste, dass er gerade das entscheidende und abschließende Seminar seiner Speakerausbildung in Thailand absolviert hatte. Ich ahnte noch nicht, dass ich zwei Jahre später selbst an einem solchen Seminar teilnehmen und seine Transformation am eigenen Leib erfahren würde.

»Tobi, das klingt wunderbar. Doch wieso sprichst du von ›wir‹?«, fragte ich ihn verwundert. Zu dieser Zeit fühlte ich mich in meinem Leben angekommen – und doch gelähmt. Ich wusste, mein Leben hielt noch mehr für mich bereit, als ich bis dahin abgerufen und entfaltet hatte. Doch ich zögerte, den nächsten Schritt zu wagen.

In den Jahren zuvor hatte ich vieles ausprobiert – immer mit dem Gefühl: »Das ist es noch nicht. Da geht noch mehr!« Ich war ambitionierter Leistungssportler im Tennis und passionierter DJ. Ich arbeitete auf Messen, organisierte Events und gab Kindern Tennisunterricht. Ich begann ein Studium in dem Glauben, es würde mich zum Erfolg im Leben führen. Einige Jahre später durfte ich mich Wirtschaftsingenieur nennen. Mein Leben war zwar durch das Diplom nicht erfüllter, doch ich hatte schon zu Beginn meines Studiums zwei besondere Menschen kennengelernt: Tobi und Yvonne. Fünf Jahre lang bauten wir neben dem Studium gemeinsam eine der größten europäischen Organisationen eines amerikanischen Direktvertriebes für Telekommunikation auf und wurden dabei enge Freunde.

Doch der Erfolg fiel nicht vom Himmel. Zahlreiche Rückschläge zwangen uns dazu, über uns hinauszuwachsen. Wir bildeten uns weiter und lernten viel über Menschenführung, Teambuilding und Verkauf. Teils auf harte und unbequeme Weise. Menschen begeistern, sie bewegen, ihnen etwas verkaufen und dabei authentisch bleiben – das sind Fähigkeiten, die unsere Arbeit als Trainer und Sprecher heute bereichern.

Wir waren damals erfolgreich und fühlten uns angekommen. Doch dann brach alles zusammen. Ich fühlte mich verloren und suchte nach neuen Ansätzen. Trotz meines erfolgreichen Studiums packte mich eine innere Unruhe. Als Flugbegleiter sah ich mir die Welt an und fand Stück für Stück zu mir selbst. Ich war auf der Suche, wusste jedoch nicht wonach. Nur eine Sache war mir klar: Ich wollte meinem Leben Bedeutung geben, andere inspirieren und das mit Leidenschaft tun. Mit Ende 20 wuchs in mir die Ungeduld, endlich dieses eine Ding zu finden.

Genau zu diesem Zeitpunkt kam der Anruf von Tobi: »Christian, wir haben immer davon geträumt, etwas Großes aufzubauen. Das ist die Gelegenheit und es wäre mir eine Freude, wenn du diesen Weg mit mir gehst!«

Wenige Worte, die alles veränderten. Damals ahnte ich noch nicht, wie viele Menschen wir berühren und wie viele Leben wir verändern würden. In diesem Gespräch sprang Tobis Energie auf mich über und meine innere Stimme flüsterte: »Die Suche hat ein Ende – das ist es!«

Doch Tobi nannte eine Voraussetzung für unsere Zusammenarbeit: Ich sollte die gleiche Ausbildung zum internationalen Trainer und Sprecher durchlaufen wie er. Sie sollte in mir das bewirken, was sie in ihm bewirkt hatte. Mein Magen verkrampfte sich. Ich wusste, was Tobi investiert hatte. Nicht nur viel Geld, sondern auch weite Reisen und jede Menge Mut und Überwindung. Ich spürte intuitiv, dass es die richtige Entscheidung war. Doch den Weg zu kennen, war etwas anderes, als ihn auch zu gehen. Vier Monate später saß ich im Flieger zum ersten Seminar in Johannesburg.

Im gleichen Jahr, Ende 2015, ging es in den gemeinsamen Familienurlaub mit Tobi nach Thailand. Auch Yvonne kam aus ihrer damaligen Wahlheimat Shanghai hinzu. Sie hatte von Tobi den gleichen Anruf erhalten wie ich und besuchte sämtliche Seminare parallel. Wir freuten uns auf das Wiedersehen und ahnten noch nicht, welche Entscheidungen wir in den folgenden Tagen treffen würden.

Tobi teilte uns mit, er sei jetzt »ready«, sein erstes eigenes großes Seminar zu geben. Bei 35 Grad saßen wir am Hotelpool mit einem kalten Getränk in der Hand und schmiedeten Pläne. Dieses Gespräch werde ich nie vergessen. Wir unterhielten uns darüber, welche Prozesse und Übungen wir mit den Teilnehmenden bei einem eintägigen Seminar durchführen könnten. Unser Ziel war es, sie nicht nur zu inspirieren, sondern eine direkte Entwicklung ihrer Persönlichkeit und damit eine wirkliche Veränderung in ihrem Leben anzustoßen. Das war der Start der »Masterclass of Personality«, die seitdem Tausenden von Menschen den Zugang zur Persönlichkeitsentwicklung ermöglicht hat.

Wir bauten gemeinsam etwas Großes auf und jeder hatte seine Rolle darin. Yvonne und ich schufen einen Rahmen, in dem Tobi sich auf das konzentrieren konnte, was er immer schon am besten konnte: Menschen berühren, inspirieren und unterhalten. Jeder von uns spürte, wie schnell wir wuchsen und uns weiterentwickelten.

In den darauffolgenden Jahren besuchte ich Seminare in Phuket, Barcelona, London, München, Frankfurt, Berlin und an vielen weiteren Orten. Die Ansprüche waren hoch, genauso wie der Druck, der auf mir lastete. Es gab Zeiten, da ging mir das Geld aus. Ich saß Tausende Kilometer entfernt von meiner Frau und meinem Sohn abends in einem Hotelzimmer und fühlte mich einsam. Doch jede dieser Erfahrungen half mir dabei zu wachsen. Ich entwickelte eine völlig neue Willenskraft und Disziplin. Dabei wurde mir eines Tages auch der Mehrwert klar, den ich anderen Menschen geben kann.

Im April 2017 hatten Tobi und Rita mich und meine Familie zu sich nach Hause eingeladen. Wir saßen gemeinsam am Tisch und aßen, während die Kinder zusammen spielten. Plötzlich meinte Tobi zu mir: »Los Christian, lass uns hochgehen und das Podcast-Interview aufnehmen. Es wird Zeit.«

Etwas verdutzt schaute ich ihn an. Tobis Podcast war gerade seit drei Monaten online und vom ersten Tag an enorm erfolgreich. »Welches Interview?«, fragte ich. »Na, dein Interview in dem Tobias Beck Podcast« entgegnete er. »Okay, aber worüber wollen wir denn sprechen?«, wollte ich wissen. »Über dich und dein neues Seminar«, antwortete Tobi wie selbstverständlich. »Tobi, ich habe doch noch gar kein eigenes Seminar«, hörte ich mich sagen, doch da war es schon zu spät. Wenige Minuten später nahmen wir ein Interview auf.

Zum Schluss des Gesprächs stellte Tobi mir dann die eine Frage, auf die ich das gesamte Interview gewartet hatte: »Erzähl uns doch ein bisschen von deinem neuen Seminar, um Power geht es, richtig?« – »Ähm ja, genau, es geht um Power!«, fand ich meine ersten Worte und erklärte anschließend, was Teilnehmende meines Seminars erwarten konnten, ohne dass es jemals stattgefunden hatte. Ich wusste ja nicht einmal – so dachte ich damals –, wie das Seminar heißt oder was konkret der Inhalt sein würde.

Das war die Geburtsstunde des »Ultimate Power Program«, meines dreitägigen Intensivseminars. Schon damals wusste ich, was ich bewirken will. Mein Motto war: Transformation statt Inspiration. Ich wollte, dass die Veränderung der Teilnehmer so nachhaltig wie möglich sein wird. So wurde Power im Laufe der Zeit zu nachhaltiger und tiefgehender Transformation.

Es fing mit einer Idee an. Inzwischen durfte ich gemeinsam mit meinem Team fast 400 Menschen durch diese tiefgreifenden und lebensverändernden Prozesse begleiten. Die Transformation Mastery – so heißt das Seminar heute – ist nun ein Teil von einer ganzen Reise, auf die wir die Menschen begleiten wollen.

Um genau zu sein die wichtigste Reise ihres Lebens: zu ihrem wahren Selbst.

Das ist die Reise, die ich in den letzten Jahren selbst gehen durfte. Ich erkannte, dass es nicht darum geht, zu der besten Version meiner Selbst zu werden. Stattdessen durfte ich alles ablegen, was nicht zu mir gehört, um zu dem Menschen zu werden, der ich schon immer war.

Währenddessen ist daraus die AcadeME entstanden – die Akademie für Persönlichkeitsentwicklung in der Tiefe. Mein Team und ich sehen uns als Wegbegleiter für die Menschen, die diese befreiende Reise zu sich selbst gehen wollen.

In unserer AcadeME Journey legst Du eine Schicht nach der nächsten ab, die sich im Laufe der Jahre um deinen wahren Kern gelegt hat. Befreist du dich davon, entsteht pure Magie. Denn dann tauchst du in dein wahres Sein ein.

Auf diese Weise wirkst Du als Sprecher oder Trainer automatisch, ohne, dass Du viel dafür tun musst. Menschen werden es lieben Dir zuzuhören, weil es sich wahrhaftig und echt anfühlt

Wieso ich dir das erzähle? Weil ich mich heute, nach über 20 Jahren persönlicher Weiterentwicklung und einer langen Suche nach meinem Kern und damit auch nach meiner Lebensaufgabe und Mission endlich angekommen fühle. Noch dazu bin ich überaus dankbar, diese Arbeit heute machen zu dürfen.

Doch lass mich eine Sache klarstellen: Diese Reise war und ist alles andere als einfach und leicht! Nach außen sieht es so glamourös aus, wenn sich die Stars unserer Branche über Social Media und andere Plattformen zeigen. Doch was ich heute weiß, ist, dass hinter den schönen Bildern jahrelange – teilweise jahrzehntelange – kontinuierliche Arbeit steht. Angehende Sprecher und Trainer vergleichen sich gerne mit anderen aus der Branche. Sicher ist der eine schneller als der andere. Bei dem einen funktioniert das Marketing schneller, der nächste kommt schneller zu seiner Kernbotschaft, wiederum jemand anderes findet seinen Weg schneller auf die großen Bühnen.

Doch all das ist überhaupt nicht entscheidend! Viel wichtiger ist: Warum willst du auf die Bühne? Was ist deine Botschaft, was willst du verändern und warum? Die Antwort auf diese Fragen hilft dir, den Weg dorthin zu finden und zu gehen. Sie hilft dir, wenn du nachts alleine im Hotelzimmer sitzt.

Tobi hat mir in den vergangenen 20 Jahren bei diesem Prozess geholfen und er war dabei einer der entscheidenden Impulsgeber für mich. Er hat die einzigartige Fähigkeit, Menschen ins kalte Wasser zu stoßen, damit sie sich weiterentwickeln. Er sieht Dinge in Menschen, lange bevor sie sie selbst in sich sehen – klar, direkt und treffsicher. Die Wertschätzung für seine Partner, Freunde, Familienmitglieder, Mitarbeiter, Coachees, Seminarteilnehmenden und Zuhörer ist dabei unfassbar groß. Er ist Vorbild und absoluter Leader unserer neuen Zeit für Tausende von Menschen. Ich bin dankbar und unglaublich stolz, ihn auf seiner Reise zu begleiten und von ihm lernen zu dürfen.

Marketing & Social Media

Und dann gibt es da noch die Online- und Social-Media-Welt. Hast du dich auch schon einmal gefragt, wie du online eine große Reichweite aufbauen und daraus echte Fans und zahlende Kunden gewinnen kannst?

In diesem Kapitel sprechen wir darüber, wie wir es geschafft haben, in kurzer Zeit Zehntausende Follower zu gewinnen, eine Reichweite in Millionenhöhe zu generieren und vor allem eine treue, engagierte Community aufzubauen.

Zu Beginn möchte ich eines klarstellen: Im Internet geht es nicht primär um eine große Reichweite, sondern um die Tiefe der Beziehungen, die du zu deinen Followern aufbaust. Auch 100 000 Fans bringen dir nichts, wenn diese nicht wirklich aktiv werden, sprich deine Dienstleistung oder deine Produkte kaufen.

Da draußen gibt es Kollegen, die eine vermeintlich hohe Reichweite besitzen, weil sie mithilfe von Bots und anderen Tricks viele Likes und Fans aufgebaut haben. Doch diese Fassade fliegt spätestens dann auf, wenn du deine Seminare und andere Angebote an die Community bringen möchtest.

Qualität steht immer über Quantität.

Der erste Schritt ist, dass du deine Positionierung ausarbeitest. Dafür musst du wissen, welche Zielgruppe du erreichen möchtest. Beschreibe deinen Zielgruppen-Avatar so genau wie möglich. Nutze dafür Fragen wie:

- Wie sieht er/sie aus? Wie viel Geld verdient er/sie? Was macht er/sie beruflich? Was sind seine/ihre Ziele und Träume? Was sind seine/ihre Probleme und Schmerzen?

Im nächsten Schritt geht es um die Vermittlung deiner Botschaft, die je nach Typ ganz unterschiedlich aussieht. Überleg dir: Welches Medium liegt dir und welches nicht?

- Bist du charismatisch, hast eine großartige Außenwirkung und stehst gern vor der Kamera? Dann ist Video dein Medium. Du hast eine engelsgleiche Stimme? Audio, Podcasting und dergleichen könnten interessant für dich sein! Du liebst es zu schreiben? Dann starte einen Blog!

All diese Fragen geben dir einen guten Anhaltspunkt dafür, welche Plattformen du nutzen solltest. Und hier kommt die gute Nachricht: Du musst NICHT auf allen Social-Media-Plattformen gleichzeitig sein!

Konzentrier dich am Anfang auf maximal ein bis zwei Kanäle. Wir sind damals nur mit einer Facebook-Seite gestartet, haben diese groß gemacht und erst dann angefangen, andere Plattformen zu bespielen. Wenn du dich am Anfang auf ein bis zwei Kanäle konzentrierst, kannst du dich viel besser fokussieren. Die Kanäle werden schneller wachsen, als wenn du versuchst, überall gleichzeitig zu sein. Wenn du eine gewisse Reichweite aufgebaut hast, kannst du diese nutzen, um auf anderen Plattformen zu wachsen.

Um dir eine Community aufzubauen, brauchst du vor allem zwei Dinge:

1. Content – also die richtigen Inhalte für deine Zielgruppe
2. Die Möglichkeit mit deinen Fans und Followern zu interagieren

Such dir also am besten einen Kanal, über den du deinen Content erstellst, zum Beispiel einen Podcast oder Youtube, und einen Kanal, über den du kommunizierst und Fragen beantworten kannst, zum Beispiel Instagram oder eine Facebook-Gruppe.

Und jetzt kommt der wichtigste Tipp überhaupt, den gerade fast niemand nutzt. Er lautet: Stell Fragen und hör den Leuten genau zu! Mach es einfach anders als die anderen.

Die anderen sind online viel zu sehr damit beschäftigt, so laut wie möglich zu schreien und um die Aufmerksamkeit ihrer Zielgruppe zu kämpfen. Sie sind damit beschäftigt, darüber zu reden, wie toll sie sind und was sie schon alles erreicht haben. Dabei kann dir deine Zielgruppe ganz genau sagen, was sie sich wünscht und wie du ihr helfen kannst, wenn du sie einfach fragst.

Das ist auch das Geheimnis dahinter, wie du dir eine treue Community aufbaust. Stell Fragen, zeig ehrliches Interesse, sei nahbar und kommuniziere regelmäßig und auf Augenhöhe mit deinen Fans und Followern. Denn: Hinter jedem Like steht immer noch ein Mensch.

Und genau das solltest du auch beim Erstellen deiner Inhalte bedenken.

08/15-Zitatbilder von anderen Leuten und lustige Videos posten? Das ist keine nachhaltige Online-Strategie! Selbst wenn dir das im ersten Moment eine hohe Reichweite beschert, geht es doch um etwas völlig anderes.

Dir geht es darum, deine Marke und deinen Namen aufzubauen. Also poste Inhalte und Videos von dir. Besonders Videos werden mit mehr Interaktion und Reichweite belohnt. Denke jedoch immer an deine Positionierung und ob deine Posts diese tragen und die Inhalte dein Thema widerspiegeln.

Niemand findet Mehrwert, wenn du ein Bild von deinem Essen postest. Es sei denn, du bist Experte im Fitness- oder Ernährungsbereich und gibst den Leuten in diesem Post ein Rezept an die Hand oder klärst darüber auf, wie sie sich richtig ernähren können. Dadurch lieferst du Mehrwert und baust gleichzeitig deine Positionierung aus.

Doch wie schaffst du es jetzt, neben all den Reisen und Bühnenauftritten, auch noch Content für Social Media zu erstellen? Wir fahren mit Tobias dafür eine recht simple Strategie. Er selbst hat mit dem Erstellen von Content bis auf das Aufnehmen von Podcasts und Instagram-Storys nur recht wenig zu tun.

Stattdessen wird sein Weg dokumentiert und der Content anschließend »recycelt«. Das heißt, er wird vor Auftritten und vor den Seminaren für die Tonaufnahme mit einem Mikrofon verkabelt. Wenn er auf der Bühne steht, Interviews gibt oder auch abseits der Bühne Gespräche füht, wird er gefilmt.

Die Tonspuren kannst du für deinen Podcast nutzen. Lässt du das Ganze von einem entsprechenden Dienstleister transkribieren, hast du Texte für Blog-Artikel und Inhalte für Social Media, die du zum Beispiel für die Erstellung von Zitatbildern nutzen kannst. Die Bilder dafür bekommst du von Fotografen, die dich begleiten.

Das Video kannst du im Ganzen, als langen Content, auf Youtube veröffentlichen und/oder daraus kurze Clips erstellen, die durch die Transkription mit Untertiteln versehen werden.

So kannst du für dich ganz schnell aus einem einzigen Auftritt Social-Media-Content für mehrere Monate erstellen lassen. Du musst dir nicht mehr den Kopf zerbrechen, welche Themen als nächstes Sinn machen würden und woher du auch noch die Zeit für Marketing nehmen sollst. Es passiert ja alles schon auf der Bühne!

Und hier noch etwas Real Talk: Glaubst du, Tobias hatte am Anfang Lust darauf, Podcasts und Videos aufzunehmen oder jeden Tag Instagram-Storys zu posten? NEIN! Wir mussten ihn erst dazu überreden. Mittlerweile hat er Spaß daran gefunden und sieht den großen Mehrwert dahinter.

Instagram-Storys sind wie dafür gemacht, deine Zielgruppe an deinem Tag teilhaben zu lassen, Nähe zu dir aufzubauen und dich unperfekt und verletzlich zu zeigen. Und sie sind einer der Gründe, warum wir auf Instagram so schnell gewachsen sind. Die Leute haben keinen Bock mehr auf glattpoliert und perfekt, sie sehnen sich nach Echtheit und Menschen, die so sind wie sie selbst.

Wie konnte der Tobias Beck Podcast so schnell wachsen und Millionen von Downloads erzielen? Weil wir zur richtigen Zeit am richtigen Ort waren und sowohl unseren Hörern als auch unseren Interviewgästen so viel Mehrwert wie möglich geben wollen.

Ich halte nichts von der ganzen Ellenbogenmentalität. Miteinander ist das neue Gegeneinander und es ist genug für alle da.

Das hört sich jetzt alles so leicht und locker an. Aber wir mussten bei unseren Social-Media-Aktivitäten auch schon die eine oder andere Krise meistern. Als 2018 beispielsweise durch Algorithmus-Änderungen unsere Reichweite auf Facebook einbrach, waren wir total froh, dass wir uns bereits den Instagram-Account aufgebaut hatten.

Das große Learning hier? Hol die Menschen von dem System Dritter in dein eigenes System. Erinnerst du dich noch an studiVZ und Myspace? Diese Kanäle sind wie ausgestorben und wer verspricht dir, dass nicht das Gleiche irgendwann auch mit Facebook und Instagram passiert? Unsere Lösung: Wir nutzen verschiedene Kanäle und bauen – und das ist noch wichtiger – eine eigene E-Mail-Liste auf. Unsere E-Mail-Liste ist der wertvollste Besitz in unserem Unternehmen. Sie kann dir niemand nehmen.

Neben den Themen, die ich hier nur angerissen habe, gibt es natürlich noch viel mehr. Die Online-Welt besteht aus vielen weiteren Social-Media-Kanälen, Websites, Funnels, E-Mail-Marketing, Chatbots, WhatsApp-Marketing, Alexa-Skills, Youtube, Blogs, Online-Kursen und Plattformen, Online-Werbung, Affiliate-Marketing, Spotify etc.

Online-Marketing ist heute so komplex wie noch nie und bietet gleichzeitig unfassbare Chancen. Ich vergleiche das gerne mit dem Goldrausch damals im 19. Jahrhundert. Stell dir vor, jemand sitzt mit einer Schaufel in der Hand auf seiner Couch, während in seinem Garten ein vergrabener Schatz auf ihn wartet. Und er weiß sogar von diesem Schatz. Du würdest vermutlich sagen, die Person ist bescheuert, nicht wahr? Nun ja ... Diese Person bist du, wenn du diese einmaligen Chancen des Online-Marketings in der heutigen Zeit nicht nutzt.

Such dir Profis, die ehrlich sind und zu dir passen. Arbeitet gemeinsam daran, dich online erfolgreich zu platzieren. Ich wünsche dir viel Spaß bei der Umsetzung und Freude an den Ergebnissen.

Events? Nein, Magie ...

Mathias Gaertner, Emotional Leadership Trainer & Coach,
Event Designer, Master of Ceremony

»Das werde ich niemals in meinem Leben vergessen!« Wann hast du das letzte Mal so etwas gesagt? Und weißt du noch, wie du dich in diesem besonderen Moment gefühlt hast? Einem Moment, der einfach magisch war, weil alles stimmte und alles zusammenpasste. Ein Moment, der als Bild für immer einen besonderen Platz in deinem persönlichen Museum »Lebenswerk« erhält. Vielleicht war es dein erster Kuss, die Geburt deines Kindes, ein sportlicher Erfolg, auf den du monatelang hingearbeitet hast, die Reise zu deinem Traumziel, der Besuch deines Lieblingsmusicals, die Begegnung mit einem einzigartigen Menschen oder ein besonderes Erlebnis in deiner Kindheit. Ich wünsche mir für dich, dass du ein ganzes Bilderbuch dieser Momente in deinem Kopf hast und dich ein unbeschreiblich gutes Gefühl umgibt, wenn du an diese Augenblicke zurückdenkst.

Einer dieser unvergesslichen Momente in meinem Leben liegt in meiner Jugend. »Micky, Donald und Goofy warten auf euch. Wir fahren nach Disneyland Paris!«, verkündete eines Abends unser Vater. Die Überraschung war ihm gelungen. Mit strahlenden Augen sah er uns an und blickte in total verblüffte Gesichter. Wir konnten es kaum glauben. Voller Vorfreude fieberten mein Bruder Christian und ich dieser besonderen Reise entgegen. Und dann war es endlich soweit. Nach einer aufregenden Autofahrt in Richtung Paris fuhr unser Vater durch das grüne, prachtvolle Tor, vorbei an den riesigen Wasserfontänen und entlang der farbenfrohen Blumen, die im Zusammenspiel den Kopf von Micky Maus erkennen ließen.

Ich schaute wie gebannt durch die Fensterscheibe und kam aus dem Staunen nicht mehr heraus. Ich blickte auf das rosafarbene Gebäude mit der stuckverzierten Fassade, das einem Schloss ähnelte, auf die grünen Markisen über den Fenstern, die karminroten Spitzdächer und die Turmuhr, auf der Micky Maus einem freudig zuwinkt. »Ist das wirklich wahr?«, fragte ich mich. Kaum dass mein Vater das Auto vor dem Eingang des königlichen Disney-Hotels geparkt hatte, öffnete ein Mann in rotem Smoking mit goldenen Manschettenknöpfen und edler Pagenmütze die Türen und begrüßte uns mit einem herzlichen »Welcome to Disneyland!«.

In den nächsten zwei Tage frühstückten wir Croissants mit Pluto, umarmten Goofy und seine Freunde in der Lobby des Hotels, erkundeten das berühmte Disney-Schloss und winkten Prinz Aladin bei der großen Parade zu. Wir erlebten die verrücktesten Attraktionen, fuhren Runde um Runde Achterbahn, aßen so viel Zuckerwatte, wie wir nur konnten, und besuchten die legendäre »Buffalo Bill's Wild West Show«. Es fühlte sich an wie ein wahr gewordener Kindheitstraum.

Doch bald kündigte sich der Moment des »Erwachens« an, als die Koffer zurück im Auto verstaut wurden und der Abschied näher rückte. Und dann fuhren wir los. Noch eine ganze Weile konnte ich die Farbenpracht des Parks betrachten. Während ich innerlich in den Erinnerungen an die vergangenen zwei Tage schwelgte, sah ich noch einmal das Disney-Schloss in seiner einzigartigen Schönheit. Auf einmal bemerkte ich jedoch, wie die märchenhaften Türme immer kleiner und kleiner wurden, bis das Schloss irgendwann in der Ferne verschwand. Um mich herum erschien plötzlich alles grau, trist und langweilig. Die »normale« Welt hatte uns wieder. Doch was bleibt, ist die Erinnerung an zwei unvergessliche Tage voller Spaß, Leichtigkeit, Träumerei und Magie.

Was will ich dir mit dieser Geschichte sagen? Zum einen, dass es möglich ist, eine Welt (oder einen Ort) zu erschaffen, in die Menschen, losgelöst von ihrem Alltag, eintauchen, um unvergessliche Momente zu erleben und Neues (in sich) zu entdecken. Walt Disney hat es mit seinen berühmten Filmen und Freizeitparks bewiesen. Zum anderen, dass es unser aller Pflicht ist, mehr Disneyland in das Leben von Menschen zu bringen, um das Kind in uns (neu) zu wecken und andere Träumer zu ermutigen. Und wäre es nicht grandios, wenn Menschen ein Erlebnis mit dir mit dem Satz »Das werde ich niemals vergessen!« beschreiben?

Doch wie ist es nun möglich, ein »Disneyland« zu erschaffen und ein Event auf die Beine zu stellen, das Menschen begeistert, deine Botschaft spüren lässt und in ihnen etwas bewirkt? Zu der magischen Formel kommen wir gleich. Doch zunächst stell dir erst einmal die Frage, wofür ein Event eigentlich da ist!

Wenn du den deutschen Begriff »Veranstaltung« auf Wikipedia nachschlägst, erhältst du folgende Beschreibung: »Eine Veranstaltung ist ein zeitlich begrenztes und geplantes Ereignis, an dem eine Gruppe von Menschen teilnimmt. Dieses Ereignis hat ein definiertes Ziel und eine Programmfolge mit thematischer, inhaltlicher Bindung oder Zweckbestimmung.«

Okay, okay. Das haut dich vermutlich genauso wenig aus den Latschen wie mich. Wahrscheinlich sagt auch dir die Beschreibung des Begriffes »Event« eher zu: »Bei einem so genannten ›Event‹ handelt es sich um eine Übereinkunft von Personen zur Förderung von Emotionen wie Freude oder Zusammengehörigkeit.« (Wikipedia)

Ein Event dient also dem Entstehen eines Wir-Gefühls und dem gemeinsamen Erleben von Emotionen. Wenn du einen Blick in die Geschichtsbücher wirfst, wirst du entdecken, dass das schon immer so war. Früher versammelten sich die Menschen, um sich im Stadion von Olympia für sportliche Wettkämpfe zu begeistern oder sich im Kolosseum in Rom Gladiatorenkämpfe anzuschauen. Heute nennt sich das »Public Viewing« oder »Rudelgucken« und findet auf der Berliner Fanmeile anlässlich der Fußballweltmeisterschaft oder bei anderen Sportgroßveranstaltungen auf der ganzen Welt statt.

Weltweit sind in den letzten zwei Jahrtausenden Veranstaltungsstätten entstanden, wo Menschen zusammenkommen, um gemeinsam zu feiern. Egal ob Kirchen – wie der Kölner Dom, der Petersdom in Rom oder die Hagia Sophia in Istanbul –, die Inkastätte Machu Picchu, das Opera House in Sydney oder das Maracanã-Stadion in Rio: Das Zusammenkommen von Menschen war schon immer ein wichtiger Bestandteil der einzelnen Kulturen und wird es auch immer bleiben.

Was macht nun ein Event zu einem unvergesslichen Erlebnis, das zugleich eine nachhaltige und positive Verhaltensänderung bei den Teilnehmenden hervorruft?

Egal, ob du bereits selbst erfolgreich Events umgesetzt hast, erste Erfahrungen mit eigenen Workshops sammeln konntest oder zunächst nur die Idee im Kopf hast, eigene Seminare zu kreieren – ich möchte dir für deinen Mut danken, Räume für die Weiterentwicklung von Menschen zu schaffen. Ich hoffe, du spürst ebenfalls dieses Kribbeln im Bauch, das Gefühl, dass du es einfach tun MUSST.

Und bevor ich dir nun die magische Formel präsentiere, teile ich mit dir das erste Geheimnis für dein erfolgreiches Event: Just do it. Ein Motto, das Tobi schon immer gelebt hat und ich sehr bewundere.

Als die Idee unseres ersten Veranstaltungsformates »Masterclass of Personality« geboren war, gab es bis auf ein paar Seiten mit Stichpunkten zu den verschiedenen Übungen nichts. Keine Tobias Beck-Crew, keine atemberaubende Lichtershow, keine »fancy« Bühnendekoration, kein musikalisches Konzept, keine Fotoaktionen, keine Tobias Beck Academy, kein Branding, nichts. Nur ein paar Luftballons, drei mit Powerpoint erstellte Roll-ups, zwei Pflanzen eines schwedischen Möbeleinrichtungshauses für die Bühne, zwei Lichtpyramiden, die vermutlich eher für einen Partykeller als für einen Veranstaltungsraum in der Größe einer Turnhalle geeignet waren, acht hilfsbereite Freunde und die Vision, dass es möglich ist. Daraus entstanden sind unzählige Seminare mit Tausenden von begeisterten Teilnehmenden und deren unvergesslichen Geschichten und Erkenntnissen über sich selbst.

Die Materialliste unserer Events umfasst heute teilweise bis zu 1 000 Elemente, irgendwann entstanden aus einem einzigen Blatt Papier mit ein paar wenigen Stichpunkten (in Schriftgröße 20, damit die Seite irgendwie voll aussieht). Während wir heute im Rahmen unserer Events mit professionellen Logistikpartnern zusammenarbeiten dürfen, hat zu Beginn der Tobias Beck Academy das gesamte Equipment im Kellerraum von Rita und Tobi Platz gefunden. An dieser Stelle auch nochmal ein Riesendankeschön an Rita, die uns immer mit einem herzlichen Lächeln die Tür öffnete, wenn wir kurz vor den Events den Keller leer räumten, um das Material – plus ein bisschen mehr – anschließend wieder zurückzubringen.

Während wir die ersten Events mit einer Handvoll Menschen umgesetzt haben, sind heute teilweise über 100 Helfer am Erfolg eines Events beteiligt. Ich erzähle das alles nicht aus Angeberei, sondern um dich zu ermutigen, einfach anzufangen. Wir wussten nicht WIE, sondern WARUM. Die Antworten findest du auf dem Weg. Learning by doing! Gib dir die Zeit zu wachsen und starte einfach.

Wenn mich heute allerdings jemand fragt, was unsere Eventkonzepte so erfolgreich gemacht hat, dann ist es sicherlich die magische Formel. Bist du bereit sie kennenzulernen? Sehr gut. Tatsächlich liegt die Formel im Wort »Event« selbst versteckt.

Experience
Venue
Emotions
Normal is boring
Team

E – Experience

Experience steht für das Erleben und Erfahren. Wir möchten in unseren Events die Menschen entdecken lassen, wie es ist, wieder »Kind zu sein«. Kannst du dich noch an Pustefix erinnern? Ein kleiner Teddybär, der auf dem Boden sitzt und voller Begeisterung Seifenblasen in die Luft pustet (was auch sonst?), abgebildet auf einem blauen Röhrchen mit rotem Drehverschluss, in dem sich Seifenlauge befindet. Dieser Moment, wenn dein Atem durch die mit Lauge gefüllte Öse stieß und Seifenblasen in Richtung Himmel stiegen. Erinnerst du dich? Welche Gefühle lösen diese Erinnerungen in dir aus? Spaß, Freude, Spiellust, Leichtigkeit? Genau aus diesem Grund verwenden wir bei unseren Veranstaltungen Elemente wie Luftballons, riesige Wasserbälle, XXL Twister, aufblasbare Einhörner, Bällebad und lebensgroße Figuren aus unserem Tiermodell. Und ja, bei der »Masterclass of Personality« begrüßten am Eingang zur Eventhalle große Seifenblasenmaschinen die Teilnehmenden. Es ist jedes Mal eine Freude zu sehen, welcher Spieltrieb durch ein Gemisch aus Wasser und Lauge bei Menschen auslöst.

Wir möchten auf keinen Fall an Schule erinnern! Wir möchten vielmehr einen geschlossenen Rahmen schaffen, in dem für unsere Teilnehmenden alles drin ist und der eine neue Art des Lernens ermöglicht.

»Die Art, wie man gibt, bedeutet mehr, als was man gibt.«
Pierre Corneille, Dramatiker

Für dein Event bedeutet das: Das Wie ist immer wichtiger als das Was. Doch bevor du jetzt das Internet durchforstest, um deinen Warenkorb mit Luftballons, Planschbecken und Pustefix zu füllen, überleg erst einmal, was eigentlich das Ziel deines Events sein soll. Mit welchem Gefühl, mit welcher Intention und mit welchen Erfahrungen sollen deine Teilnehmenden das Event verlassen?

Als Tobi Ende 2016 mit der Idee eines weiteren Veranstaltungsformates auf mich zukam, fragte ich ihn nach dem Gefühl, das die Teilnehmenden erleben sollten. »Ich will meine Lebensexperten einladen, die ihr Wissen aus ihrem Spezialgebiet weitergeben. Der Charakter soll intim und kuschelig sein. Als ob die Teilnehmenden bei mir zu Hause im Wohnzimmer sitzen und es plötzlich an der Türe klingelt und meine Freunde zu Besuch kommen.«

Eine Steilvorlage für jeden Eventdesigner. »Was hältst du davon, wenn wir einfach ein Wohnzimmer nachbauen?«, fragte ich. Tobi guckte mich mit großen Augen an. »Wir installieren eine große Wand, die wie eine 1970er-Jahre-Tapete wirkt und auf der Bilderrahmen mit Fotos vom Team und unseren Events zu sehen sind. Dann stellen wir ein vollgepacktes Bücherregal, eine Stehlampe mit uraltem Lampenschirm und ein paar Vollpolstersofas aus Omas Zeiten auf die Bühne. Dazu veranstalten wir noch eine Gartenparty und zwischendurch ertönt immer wieder eine Türklingel, wenn deine Lebensexperten, der Postbote und der Gärtner zu Besuch kommen.«

Ein breites Grinsen zeigte sich auf Tobis Gesicht und schon war das ehemalige Eventformat »Personality Bootcamp« geboren. Was es mit dem Postboten und dem Gärtner auf sich hat, kann ich allerdings an dieser Stelle nicht auflösen. Ein Magierzirkel verrät schließlich auch nicht alle seine Tricks.

Immer wieder erlebe ich Veranstaltungen, die ganz anders ablaufen: als eine Abfolge von Übungen und eine Aneinanderreihung von Elementen, die willkürlich gewählt wurden. Dein Event erzählt hingegen eine Geschichte, die auch nach langer Zeit gute Gefühle bei den Teilnehmenden auslöst. In deinem Event ist die Liebe zum Detail spürbar und nichts passiert zufällig. Denn du gestaltest unvergessliche Momente für »Menschen«, nicht für »Kunden«. Eine echte »Experience« halt.

V – Venue

Mit »Venue« ist die Location beziehungsweise der Veranstaltungsort gemeint, an dem dein Event stattfinden soll. Es kann sich um einen Hotelraum, die Stadthalle deines Wohnortes oder eine klassische Eventlocation handeln. Aber auch ein Schiff, ein Büro, ein Museum, eine Burg oder sogar eine Berghütte sind denkbar. Schon die Wahl der geeigneten Venue kann den Erfolg deines Events beeinflussen. Auch hier darfst du dir wieder die Frage stellen, was deine Teilnehmenden erleben sollen. Welche Atmosphäre willst du kreieren? Wie viel Platz ist nötig? Wie viele *Räume* braucht es für dein Event?

Versetz dich in den Kopf deines Teilnehmenden, um ihn bestmöglich und schnellstmöglich in »deine Welt« zu holen. Wie reist er an? Wo kann er parken? Wo übernachtet er vielleicht? Wo kann er etwas Gutes essen und trinken? Welche Wege nutzt er? Und ja, auch die Frage nach der Toilette muss beantwortet sein. Erst dann kannst du dir Elemente überlegen, die es deinem Teilnehmenden leichter machen, sich auf dein Event mit deinem Rahmen einzulassen.

Als Eventliebhaber streben wir immer nach Perfektion; wir möchten eine Geschichte wie aus »1001 Nacht« erzählen. Doch ich will dir ehrlich sagen, dass es die »perfekte« Venue nicht gibt. Hier ist deine Kreativität gefragt. Was kannst du tun, damit sich deine Teilnehmenden wohlfühlen? Häufig hören das beste Design und die beste Architektur vor den Toilettenräumen auf. Doch auch dieser Ort, egal ob Teil deines Konzeptes oder nicht, gehört zu deinem Event dazu. Da muss ja nun so gut wie jeder hin.

Daher dekorieren wir bei all unseren Events die Sanitärräume mit bunten Bildern und Sprüchen, verteilen Deo, Haarspray sowie Handlotion auf den Waschtischen und stellen kleine Schalen mit Eisbonbons auf die Ablage vor den Spiegeln, auf denen in farbigen Buchstaben »Du siehst umwerfend aus!« klebt. Warum? Weil alles mit allem zusammenhängt und bereits hier deine Teilnehmenden wissen werden, dass du es Ernst mit ihnen meinst und sie dir wichtig sind. Neulich sagte mir eine Teilnehmerin, die einmal außerhalb unserer Veranstaltung im selben Hotel war: »Ich dachte, das sieht dort immer so schön aus!« Was für ein tolles Kompliment.

Auch das Setting des Veranstaltungsraumes selbst spielt natürlich eine wichtige Rolle. Bei unserem Eventformat »Speaking Performance Master« bilden wir Speaker und Trainer darin aus, auf großen Bühnen vor Hunderten oder Tausenden von Menschen zu sprechen. Das Event selbst ist sehr intim und die Gruppe eher klein, damit in vier Tagen wirklich gute Ergebnisse bei den Teilnehmenden erzielt werden können. Auch hier verwenden wir Theaterstrahler, Mikrofone und eine Bühne, obwohl bei der genutzten Raumgröße ohne diese Elemente alles gut zu sehen und zu hören wäre. Warum machen wir das? Das Programm heißt »Speaking Performance Master« und nicht »Speaking Infoabend«. So einfach ist die Antwort. Wir gewöhnen somit die TeilnehmerInnen an dieses Aufgebot an Technik, da es ab sofort zu ihrem täglichen Handwerk gehören soll.

Was sind Elemente, mit denen du deine Venue »aufpeppen« kannst? Wie soll das Setting deines Veranstaltungsraumes aussehen?

E – Emotions

Emotionen werden im Mandelkern des Gehirns – in der Amygdala – verarbeitet. Dieser Teil des Körpers ist eng mit dem limbischen System verbunden, das unter anderem für Gefühlszustände und Gedächtnisbildung verantwortlich ist. Die Summe an Reizen, die dein Event auslöst, unterstützt also den Erfolg des Lernens und der Verhaltensänderung und das Abspeichern von Erinnerungen mit einem guten Gefühl.

Doch wie kannst du Reize innerhalb deines Events setzen und damit Emotionen im Raum kreieren? Indem du kontinuierlich so viele Sinne wie möglich ansprichst. Schauen wir uns die fünf zentralen Sinne etwas genauer an.

Sehen

Viele Menschen sind fasziniert, wenn sie in lodernde Flammen sehen oder ein Feuerwerk anschauen. Geht es dir auch so? Ist dir schon mal aufgefallen, dass deine Stimmung und dein Gefühl sich anpassen, wenn die Lichtatmosphäre im Raum sich ändert? Farben, Bilder und Videos haben einen enormen Einfluss auf den menschlichen Organismus. Blau steht für Ruhe und fördert die Konzentrationsfähigkeit. Rot wirkt hingegen belebend, vielleicht auch leicht bedrohlich. Orange/Amber sorgt für Gemütlichkeit und Entspannung. Setz diese Farben geschickt ein und sorge mit der richtigen und wechselnden Helligkeit des Raumes dafür, dass deine Teilnehmenden fokussiert bleiben und in die Atmosphäre eintauchen können. Bilder unterstützen sie dabei, den Zugang zu Erinnerungen zu finden, oder helfen, Spannung zu erzeugen.

Fühlen

Welche Materialien ertasten deine Teilnehmenden? Scheu an dieser Stelle keine Kosten. Das Unterbewusstsein reagiert sofort, sobald minderwertige Qualitäten im Spiel sind. Verwende hochwertiges Papier für Handouts und schön gebundene Schreibblöcke und stell gute, haltbare Schreibstifte zur Verfügung.

Schmecken

Warst du schon einmal in einer Filiale dieser bekannten italienischen Systemgastronomie, bei der Menschen freudig vor der Theke stehen, um ihre Pasta oder Pizza zu bestellen? Ist dir dabei aufgefallen, dass an der Kasse vor dem Ausgang eine kleine Schale mit Gummibärchen auf dem Tresen steht? Ein Zufall? Wohl kaum. Zucker aktiviert das Belohnungssystem und setzt dadurch unter anderem das Glückshormon Dopamin frei. Das Gehirn kann also gar nicht anders, als den Besuch des Restaurants mit einem positiven Gefühl zu verbinden. Auf unseren Events bieten wir zum Beispiel Eisbonbons an, um ein erfrischendes Gefühl hervorzurufen, und Eis, um Teilnehmende nach erfolgreichem Bestehen einer Übung zu belohnen. Dadurch entsteht niemals ein fader Beigeschmack! Ja, diese Metapher trägt viel Wahrheit in sich.

Riechen

Duftmarketing gehört seit einigen Jahren zur Königsdisziplin im Eventbereich. Noch immer streiten sich die Geister darüber, ob Vanille, Zitrone oder Minze am besten eine positive Atmosphäre schafft. Fakt ist allerdings, dass sich Menschen bei einem angenehmen Geruch besser fühlen und zugleich die Kaufbereitschaft steigt. Warst du schon mal in dem Bekleidungsgeschäft Abercrombie & Fitch? Schon aus einiger Entfernung kannst du einen Duft aus der aktuellen Parfüm-Eigenkollektion wahrnehmen, mit dem man versucht, dich ins Geschäft zu locken. Sicherlich findet die Beduftung nicht aus reiner Nettigkeit statt. Der Geruch soll beim Besucher das »Hier bin ich richtig«-Gefühl auslösen.

Auch wenn es auf deinem Event nicht wie in einer Parfümerie riechen muss, macht es Sinn, über den Einsatz von Raumdüften – nicht nur auf der Toilette – nachzudenken. Neben Parfüm gibt es noch weitere unverkennbare Gerüche, die anziehend auf Menschen wirken. Magst du auch so gerne den Geruch von frischem Popcorn?

Hören

Selten wird in Seminaren und Trainings Musik abgespielt. Den lieben langen Tag hören die Teilnehmenden nur sich und den Trainer. Keine Atmosphäre, in der sich Menschen wohlfühlen, oder? Dass Musik eine positive und motivierende Wirkung haben kann, haben wir schon an anderer Stelle gehört. Sorg du als Professional also dafür, dass bei deinen Events zum Up-/Downshiften sowie zum Emotionalisieren gezielt Musik eingesetzt wird. Damit schaffst du ein unvergessliches Erlebnis für deine Teilnehmenden. Aber Achtung: Der Ton macht hier die Musik! Achte unbedingt darauf, dass Lautstärke und Liedauswahl zum Moment passen.

Mit all diesen Maßnahmen kannst du die unterschiedlichen Sinne deiner Teilnehmenden ansprechen. Doch Vorsicht: Eine Überreizung ist nicht hilfreich und überfordert die Besucher deines Events. Manchmal ist weniger mehr.

N – Normal is boring!

Standard gibt es auf dem Eventmarkt genug. Was unterscheidet also dein Event von anderen? Deiner Kreativität sind dabei keine Grenzen gesetzt. Du darfst alles machen und sein, nur nicht normal. Denn normal ist langweilig. Und magst du etwa Langeweile?

Die Events der Tobias Beck Academy haben in jedem Fall den Anspruch »merk-würdig« zu sein. Aus diesem Grund stecken wir sehr viel Energie und Liebe in die Kreation von Spielwelten, Fotoaktionen und anderen Details – egal ob Glücksrad, Spielplatz, Hüpfburg, unsere Abschiedszeremonien oder andere unvergessliche Aktionen. Vermutlich erfordert diese Liebe zum Detail die meiste Zeit bei der Vorbereitung unserer Events. Gleichzeitig ist sie ein wichtiges Merkmal der Tobias Beck Academy. Dabei scheuen wir keinen Aufwand, weil uns jeder Teilnehmende wichtig ist.

T – Team

Ohne ein funktionierendes Team, das für eine Vision brennt, können Events kaum erfolgreich werden. Viele helfende Hände sind notwendig, um sämtliche Aufgaben im Rahmen einer Veranstaltung bewältigen zu können. Die Begrüßung der Teilnehmenden am Eingang, die Koordination des Caterings, die Betreuung der Sprecher, die Durchführung der Registrierung, das Abspielen von Musik, die Bedienung der Technik, das Aufräumen des Saals in den Pausen, die Vorbereitung von Übungen, der Aufbau bzw. Abbau und, und, und …

»Ich schaffe das schon alleine!« ist an dieser Stelle wirklich kein sinnvoller Gedanke und eher vermessen. Aber du solltest dich – gerade bei der Durchführung deines ersten Events – auch nicht komplett überfordert fühlen. Überleg in Ruhe, wer in deinem Bekanntenkreis ein besonderes Talent hat, wer einen guten Musikgeschmack vorweisen oder ausgezeichnet mit einem Computer umgehen kann. Bitte diese talentierten Menschen doch einfach um Hilfe. Du wirst dich wundern, wie viele dich bei der Realisierung deiner Vision unterstützen werden.

Menschen wollen Teil einer gemeinsamen Idee oder Vision sein. Deshalb haben wir von Anfang an unsere Dienstleister wie Partner behandelt und sie zu wahren Fans unserer Events gemacht. Alle sind mit Spaß dabei und jeder ist für den Erfolg gleich wichtig.

Und hier kommt wohl die wichtigste geheime Zutat, um aus einem Event wahre Magie entstehen zu lassen: Herz. Sei mit Liebe und Freude dabei. Du hast die Möglichkeit, aber auch die Verantwortung, mit deinen Events Menschenleben zu beeinflussen, vielleicht sogar positiv zu verändern. Danke!

Übernimm das Steuer in deinem Business

Sven Kamchen, Wirtschaftsprüfer, Steuerberater und Wirtschaftsjurist
Partner der Kanzlei Asmus Kamchen Koch Wermke GbR,
Steuerberatung | Wirtschaftsprüfung | Rechtsberatung | Consulting,
www.ihre-mittelstandsberater.de

Keine Angst. Auch wenn sich dieses Kapitel vorwiegend mit dem Thema Steuern beschäftigt, sollte es – so hoffe ich – auch ein Lesevergnügen sein und interessante Informationen liefern. Zumindest habe ich versucht, den Eulenanteil so weit wie möglich zu reduzieren. Denn eines habe ich in der Zusammenarbeit mit Tobi auf jeden Fall gelernt. Mit einem Delfin/Hai kannst du nicht Eulisch sprechen. Das Thema Steuern in gut verständliche Infos zu übersetzen, ist zwar eine Herausforderung, aber nicht unmöglich. Lass dich überraschen.

Eine gute Selbsteinschätzung

Benjamin Franklin hat es auf den Punkt gebracht: »Nur zwei Dinge sind uns sicher: der Tod und die Steuer.«

Hast du schon mal von einem Maurer gehört, der sich selbst die Haare schneidet? Oder von einem Friseur, der sein eigenes Haus mauert? Oder vielleicht von einem Schreiner, der sein eigenes Klavier stimmt? Das kommt wohl eher selten vor. Und was würde man da auch schon erwarten? Ja, klar: »Das geht mit Sicherheit schief!«

Ich selbst habe immer wieder feststellen müssen, dass die Selbsteinschätzung meiner handwerklichen Fähigkeiten regelmäßig falsch war. Das hat im Endeffekt zu einem meiner größten Learnings geführt: Spezielle Themen muss man eben einem Spezialisten überlassen, wenn man ein Top-Ergebnis erzielen und vorher kein Lehrgeld zahlen möchte.

Wenn du bisher noch kein eigenes Business gegründet hast und mit Steuern noch nicht viel am Hut hattest, solltest du dich gut wappnen. Es gibt auf diesem Gebiet unzählige Stolperfallen, und wenn du sie nicht beachtest, bist du deine Firma schneller wieder los, als du denkst.

Du solltest dir bereits vor Beginn deiner Karriere als Trainer, Coach oder Speaker zwei wichtige Fragen stellen:

»Kenne ich meine Schwächen beziehungsweise Gebiete, auf denen ich mich einfach nicht gut genug auskenne?«

»Bin ich bereit zu akzeptieren, dass es Menschen gibt, die mich in diesen Punkten optimal ergänzen können?«

Alles klar? Dann gehen wir einen Schritt weiter. Welcher Zeitpunkt ist der richtige, um einen Spezialisten hinzuzuziehen? Mein klarer Rat, nachdem ich schon viele Speaker, Trainer und Coaches auf ihrem Weg begleiten durfte: am besten von Beginn an. Denn je stabiler das Fundament für dein Business ist, desto eher wird es jedem Sturm standhalten.

Wie erkennst du einen guten Steuerberater / Rechtsanwalt?

Wie in jeder anderen Branche, so gibt es auch in der Steuer-, Rechts- und Wirtschaftsberatung schwarze Schafe, denen es nicht primär darum geht, deine Probleme zu lösen. Sie möchten dir stattdessen lieber teilweise »unnützes« Wissen verkaufen.

In Gesprächen mit Unternehmern stellt sich immer wieder die Frage, nach welchen Kriterien die Qualität eines Steuerberaters (StB) oder Rechtsanwalts (RA) eingeschätzt werden kann. Hier kommen die zehn wichtigsten Punkte.

	Flop	Top
1	Der Mandant muss anrufen, wenn er etwas möchte.	Der StB/RA ruft proaktiv regelmäßig an, um sich über die Lage und Bedürfnisse des Mandanten zu informieren.
2	Der Mandant sucht seinen Steuerberater auf, wenn er es für notwendig erachtet.	Der StB/RA sucht seinen Mandanten regelmäßig auf, um dessen Betrieb besser kennenzulernen und um gemeinsam mit ihm mindestens in Quartals- und/oder Herbstgesprächen die gegenwärtige und künftige geschäftliche Entwicklung zu besprechen.
3	Der Mandant muss sich nach dem Bearbeitungsstand erkundigen.	Der Mandant wird regelmäßig über Bearbeitungsstände informiert. Verzögerungen werden durch einen mit dem Mandanten abgestimmten Zeitplan vermieden.
4	Der StB/RA lässt den Mandanten im Unklaren darüber, welche Unterlagen er einreichen soll.	Der Mandant wird mit Checklisten und Hilfsmitteln versorgt, damit er stets darüber informiert ist, was er liefern muss, um seinen Auftrag optimal bearbeiten lassen zu können.
5	Der StB/RA bietet nur Hilfestellung in Bezug auf die Erledigung der gesetzlichen Pflichten.	Der Mandant erhält durch das Bereitstellen ergänzender Leistungen aus allen Bereichen (Steuer-, Rechts- und betriebswirtschaftliche Beratung) einen echten Mehrwert für eine zukunftsgerichtete Entwicklung. Die Erledigung der gesetzlichen Pflichten ist das Mindestmaß.
6	Der StB/RA wartet, bis er die Unterlagen vom Mandanten bekommt und erstellt diese im Zweifel auch nach Fristablauf.	Der Mandant wird rechtzeitig an anstehende Fristen erinnert und darüber aufgeklärt, welche Konsequenzen durch Fristversäumnisse entstehen.

	Flop	Top
7	Der StB/RA versteht weder Geschäft noch Situation des Mandanten und zeigt daran auch kein Interesse.	Der StB/RA erkundigt sich regelmäßig und mit großem Interesse nach dem privaten und beruflichen Erfolg sowie nach der Zielerreichung des Mandanten.
8	Der StB/RA sagt nur, was zu tun ist, und überlässt die Umsetzung allein dem Mandanten.	Der Mandant wird mit der Umsetzung nicht alleine gelassen. Er bekommt einen konkreten Fahrplan an die Hand und wird bei der Messung der Zielerreichung unterstützt.
9	Der StB/RA rechnet nach einer für den Mandanten nicht nachvollziehbaren Vergütungsverordnung ab.	Der Mandant bestimmt selbst seinen benötigten Leistungsumfang und zahlt zum Beispiel eine feste monatliche Pauschale, ohne Angst vor Nachberechnungen haben zu müssen.
10	Der StB/RA fragt den Mandanten nie nach der Einschätzung seiner Leistung.	Der Mandant wird regelmäßig um Feedback gebeten, weil der StB/RA als Dienstleister nur so in der Lage ist, noch besseren Service bieten zu können.

Vor der Gründung

Sobald du dich ernsthaft mit dem Gedanken trägst, mit deinem Business zu starten, nimm am besten Kontakt mit einem Berater deiner Wahl auf. Beachte, dass sich bei einer Gründung nicht nur steuerrechtliche Fragen, sondern auch rechtliche Fragen stellen werden. Am besten bewährt sich hier eine Tandemberatung durch einen Steuerberater und einen Rechtsanwalt.

Vereinbare einen Termin und mach dir vorher eine Liste mit den wichtigsten Punkten, die du abklären möchtest. Die folgenden Fragen solltest du dir im Rahmen der Gründung stellen. Bei der Beantwortung kann dich dein Berater unterstützen:

1. Wie hoch ist dein Kapitalbedarf in den ersten zwölf Monaten?
2. Hast du einen Überblick über deine privaten Lebenshaltungskosten, die du weiter bestreiten musst?
3. Hast du einen Überblick über Umsatz, Kosten und Ertrag im ersten Jahr? Plane monatlich.
4. Kannst du abschätzen, wie es mit Umsatz, Kosten und Ertrag in den ersten drei Jahren aussieht? Plane jährlich.
5. Weißt du, welche Anfangsinvestitionen auf dich zukommen?
6. Benötigst du eine Startfinanzierung? Wenn ja, brauchst du in der Regel einen wohldurchdachten Businessplan, damit du bei einer Bank punkten kannst.
7. Brauchst du von Anfang an Unterstützung durch eigenes Personal, Dienstleister oder Freelancer oder willst/kannst du erst einmal alles selbst erledigen?

Ein gut durchdachtes und geplantes Gründungskonzept schützt dich vor leichtsinnige Fehlentscheidungen und ist für Kreditinstitute oder auch private Geldgeber ein entscheidendes Argument, um dir eine etwaige Startfinanzierung zu gewähren. Mehr dazu und zur Wahl der richtigen Rechtsform findest du im nächsten Kapitel »Bau dir dein Business auf«.

Die Gründung

Auch bei der Gründung solltest du einige Punkte beachten. Ich möchte dir am Beispiel der GmbH aufzeigen, was auf dich zukommt.

1. Du benötigst einen Gesellschaftsvertrag für die GmbH. Dieser kann einfach gehalten werden, wenn du alleine Gesellschafter bist. In der Regel reicht die gesetzlich vorgegebene Mustersatzung.
2. Dann brauchst du einen Termin bei einem Notar.
3. Du unterschreibst den Gesellschaftsvertrag und der Notar beurkundet den Vertrag.
4. Außerdem erstellt der Notar eine Gesellschafterliste und erledigt weitere Formalien.

5. Mit den Unterlagen vom Notar gehst du zu einer Bank deiner Wahl und eröffnest ein Geschäftskonto für die GmbH. Darauf zahlst du die vereinbarte Stammeinlage, also dein Startkapital, ein.
6. Erst danach meldet der Notar die GmbH zur Gründung beim Handelsregister an.
7. Für die Bearbeitung benötigt das zuständige Amtsgericht in der Regel einige Zeit und verschickt dann eine Bestätigung der Eintragung.
8. Nun musst du bei der Gemeinde, in der die GmbH ihren Sitz hat, auch ein Gewerbe anmelden.

Dazu noch ein paar Praxistipps:

- Achte unbedingt darauf, dass du vor dem Notartermin, bei dem der Gesellschaftsvertrag beurkundet wird, noch keine Geschäfte in Namen oder für die GmbH tätigst. Erst ab Unterzeichnung gelten alle Geschäfte als für die noch entstehende GmbH getätigt (du hast dann eine sogenannte Vorgesellschaft). Die eigentliche GmbH entsteht erst mit Eintragung im Handelsregister.
- Füll unmittelbar nach der Gründung den vom Finanzamt geforderten Fragebogen zur Gründung einer Kapitalgesellschaft aus und reich diesen beim Finanzamt ein. Tust du das nicht, wirst du zwar irgendwann vom Finanzamt dazu aufgefordert. Bis dahin vergeht aber unter Umständen sehr viel Zeit. Du benötigst aber sehr schnell eine Steuernummer für die GmbH. Diese gibt es aber erst danach. Auch die Bearbeitung des Fragebogens kann dauern.
- Hol dir für die Erstellung des Fragebogens auf jeden Fall Rat bei deinem Steuerberater, da dort schon viele Entscheidungen getroffen werden, die weitreichende Auswirkungen haben können.
- Sprich mit deinem Steuerberater frühzeitig ab, wie du ihm deine Belege und Kontoauszüge zukommen lässt, damit er die Buchhaltung erstellen kann. Achte unbedingt darauf, dass dein Steuerberater komplett digital arbeitet und du keine Papierbelege oder Bankauszüge hin- und herschicken musst. Digital zu arbeiten, sollte heute absolut Standard sein. Mit der richtigen Software (z. B. DATEV Unternehmen online) kannst du dein Unternehmen komplett online abbilden und hast weltweit 24/7 Zugriff auf deine Unternehmenszahlen.

Die Kosten

Du willst bestimmt noch gerne wissen, was dich die Gründung einer GmbH oder UG (haftungsbeschränkt) kostet. Du musst auf jeden Fall das Stammkapital der GmbH aufbringen. Das liegt bei einer GmbH bei 25 000 € und muss mindestens zur Hälfte eingezahlt werden. Gründest du eine UG (haftungsbeschränkt) – das ist sozusagen eine »kleine« GmbH –, kannst du theoretisch mit 1 € gründen. Dann wäre aber die Gesellschaft nicht einmal in der Lage, die Gründungskosten zu tragen. Geschweige denn die ersten Kosten, die anfallen, bevor die GmbH den ersten Euro verdient.

Dazu kommen noch die normalen Gründungskosten wie Notarkosten und Gerichtskosten. Gründest du eine GmbH oder UG, liegen diese Kosten bei etwa 800 €, wenn du einen individuellen Gesellschaftsvertrag hast. Gründest du eine GmbH oder UG mit einer gesetzlich vorgegebenen Mustersatzung, musst du mit etwa 400 € rechnen.

Einkommensteuer und Gewerbesteuer

Alles, was du als Einzelunternehmer verdienst, besteuerst du direkt im Rahmen deiner persönlichen Einkommensteuererklärung. Angenommen, du bist nicht verheiratet, dann beginnst du ab einem jährlichen Einkommen von 9 984 € (Stand 2022), dieses mit 14 Prozent zzgl. Solidaritätszuschlag (ab einem Einkommen von 16 956 € (Stand 2022)) zu besteuern. Ab einem Einkommen von 58 597 € (Stand 2022) zahlst du 42 Prozent zzgl. Solidaritätszuschlag an Steuern. Dazwischen steigt der Steuersatz progressiv an. Ob du auch der Gewerbesteuer unterliegst, hängt davon ab, über welche Tätigkeit wir reden (dazu später mehr).

Bei einer GmbH sieht das etwas anders aus. Diese unterliegt der Körperschaftsteuer zzgl. Solidaritätszuschlag und auch zwingend der Gewerbesteuer. Die Gewerbesteuer ist in Deutschland nicht fest, sondern variiert je nach Gemeinde, in der du dein Business betreibst. Maßgebend ist der sogenannte Hebesatz, den du entweder im Internet herausfinden oder einfach bei deiner Gemeinde erfragen kannst. Den Hebesatz nimmst du mal 3,5 Prozent und hast dann den Steuersatz für die Gewerbesteuer. Bei einem Hebesatz von 400 Prozent also 14 Prozent Gewerbesteuer. Bei diesem Hebesatz kann man grob sagen, dass die GmbH ihr Einkommen mit insgesamt rund 30 Prozent besteuert.

Aus steuerlicher Sicht lässt sich feststellen, dass bei einem niedrigen Einkommen der persönliche Steuersatz noch geringer ist als bei der GmbH. Also zum Beispiel Steuersatz privat 20 Prozent versus 30 Prozent bei der GmbH. Bei einem höheren Einkommen wird dieses in einer GmbH (solange das Geld in der GmbH verbleibt) zunächst günstiger besteuert, als wenn man es direkt selbst mit dem persönlichen Steuersatz besteuern würde. Also zum Beispiel Steuersatz privat 40 Prozent und bei der GmbH 30 Prozent.

Du siehst also, dass es nicht nur auf die Haftung ankommt. Auch steuerliche Belange spielen bei der Wahl der Rechtsform eine Rolle.

Noch ein Beispiel:

Du bist sowohl Speaker als auch Trainer? Dann solltest du wissen, dass die Tätigkeit als Speaker von den Finanzämtern grundsätzlich als selbstständige Tätigkeit anerkannt wird und nicht der Gewerbesteuer unterliegt. Als Trainer veranstaltest du Events mit vielen Teilnehmenden? Nun, diese Tätigkeit unterliegt sehr wohl der Gewerbesteuer (wenn du den Freibetrag von aktuell 24 500 € überschreitest). Vermischst du beide Tätigkeiten, zahlst du auf dein gesamtes Einkommen Gewerbesteuer. Du solltest also beides getrennt halten oder vielleicht neben einer GmbH ein Einzelunternehmen beibehalten, in dem du als Speaker tätig bist.

Dein Learning

Welche Steuern du für dein Business zahlst, hängt auch davon ab, welche Rechtsform du wählst. Mein Kanzleipartner Christian wird im nächsten Kapitel noch einiges mehr zur Rechtsformwahl erläutern. Je nach Situation hat mal die eine, mal die andere Rechtsform »die Nase vorn«. Überleg also, gut beraten, im Vorfeld: Welche Rechtsform bei welcher Ertragslage bietet für dich das Optimum?

Die Umsatzsteuer

Schon mal von einer Netto-Allphasensteuer gehört? Beim nächsten Speaker-Meeting kannst du ab sofort richtig glänzen, wenn du das locker aus der Hüfte erklären kannst.

Die Mehrwertsteuer (eigentlich Umsatzsteuer) ist ein Beispiel einer Netto-Allphasensteuer mit Vorsteuerabzug. »Allphasen« bedeutet, dass die Steuer bei jeder Transaktion erhoben wird. »Netto« heißt es, weil man die Vorsteuern abziehen kann.

Unternehmen dürfen nur den Nettopreis ihrer verkauften Produkte oder angebotenen Dienstleistungen einbehalten. Sie erheben die Umsatzsteuer zwar von den Kunden, müssen diese jedoch ans Finanzamt abführen. Gleichzeitig dürfen Unternehmer aber die Umsatzsteuer beim Finanzamt geltend machen, die sie zum Beispiel auf eingekaufte Waren oder Dienstleistungen zahlen (Vorsteuer).

In der Regel beträgt die Umsatzsteuer 19 Prozent und für bestimmte vergünstigte Produkte und Dienstleistungen (z. B. Bücher) 7 Prozent.

Wenn du mit deinem Business startest, kannst du bis zu einem Umsatz von 22 000,00 € pro Jahr wählen, ob du Umsatzsteuer in deinen Rechnungen ausweist (Kleinunternehmerregelung) oder ob du freiwillig bereits vorher Umsatzsteuer offen ausweist. Aber Vorsicht: An diese Wahl bist du fünf Jahre gebunden. Weist du Umsatzsteuer aus, dann hast du den Vorteil, dass du auch aus deinen Eingangsrechnungen Vorsteuer ziehen kannst. Hast du viele Unternehmer als Kunden, dann kann es für diese egal sein, ob du Umsatzsteuer ausweist, da sie als Empfänger sich die Mehrkosten wieder als Vorsteuer vom Finanzamt erstatten lassen können. Nur der private Endkunde ist tatsächlich mit der Umsatzsteuer belastet.

Gerade in Bezug auf die Umsatzsteuer werden häufig Fehler begangen, die den Unternehmer schnell zigtausende Euro kosten können. Daher möchte ich etwas näher darauf eingehen. Wenn du einen Sachverhalt deiner Tätigkeit falsch beurteilst und das jahrelang unentdeckt bleibt, bis die erste Betriebsprüfung vom Finanzamt kommt, kann das sehr teuer für dich werden. Im schlimmsten Fall musst du für jeden falsch beurteilten Euro 19 Prozent Umsatzsteuer nachzahlen; und weil die Versäumnisse vielleicht schon weit zurückliegen (im Regelfall 15 Monate nach dem Kalenderjahr, in dem die Steuer fällig war), verlangt das Finanzamt auch noch aktuell 6 Prozent Zinsen (voraussichtlich 1,8 % rückwirkend ab 2019 nach geplanter Gesetzesänderung in 2022) auf die Nachzahlung pro Jahr. Das kann dich sehr schnell die Existenz kosten.

Beispiel: Du veranstaltest ein Seminar in Deutschland und einer der Seminarteilnehmer ist ein Unternehmer aus Österreich. Nun könntest du irrtümlich annehmen, dass die Seminargebühr nicht in Deutschland mit deutscher Umsatzsteuer zu belegen ist, weil dein Unternehmerkunde ja in Österreich sitzt und dessen Steuerberater behauptet, das sei im Fall von B2B so richtig. Doch das ist leider falsch, da es dafür eine Spezialregelung gibt, die besagt, dass in diesem Fall deutsche Umsatzsteuer zu erheben ist, weil der Veranstaltungsort in Deutschland liegt. Wenn das im Nachhinein durch das Finanzamt festgestellt wird, wird es aus all deinen Seminarumsätzen, bei denen du die Umsatzsteuer nicht ausgewiesen hast, nachträglich die Umsatzsteuer von 19 Prozent herausziehen und (mit Zinsen) einfordern.

Hast du schon einmal etwas von innergemeinschaftlichen Lieferungen, Ausfuhrlieferungen, Reverse-Charge-Verfahren, OSS-Verfahren und Lieferschwellen gehört? Und wusstest du, dass es in bestimmten Fällen eine Rolle spielt, ob du Geschäfte mit einer Privatperson oder einem Geschäftskunden machst? Als Speaker, Coach und Trainer treffen unter Umständen all diese Sachverhalte auf dich zu.

Um dein Business erfolgreich aufzuziehen, wirst du sicherlich nicht nur als Speaker auftreten, sondern auch versuchen, dein Merchandise zu vertreiben. Oder du produzierst elektronischen Content wie Online-Seminare oder Videos. Und das alles vertreibst du nicht nur im Inland, sondern auch innerhalb der EU und im Drittland.

Das alles sind Themen, die dir bei der Umsatzsteuer begegnen können. Dein Learning sollte an dieser Stelle sein, dass du frühzeitig einen Steuerberater deines Vertrauens mit einbindest und mit ihm Punkt für Punkt besprichst, welche Leistungen du erbringen möchtest und was das für die Umsatzsteuer bedeutet.

Tobi ist an anderer Stelle auf das Thema Bartering eingegangen. Auch hier musst du auf die Umsatzsteuer achten. Angenommen, beide Tauschpartner geben den Tauschumsatz ganz offiziell in der Buchhaltung an, führen auch die Umsatzsteuer ab und ziehen gleichzeitig die Vorsteuer aus der Eingangsleistung ab. Beide vergessen aber, sich gegenseitig eine ordnungsgemäße Rechnung auszustellen. Das würde dazu führen, dass das Finanzamt dir irgendwann die Vorsteuer aus der Eingangsleistung komplett streicht, weil du für den Vorsteuerabzug eine formale Rechnung benötigst. Kein schöner Gedanke. Aber so schnell passieren Fehler, die dich eventuell teuer zu stehen kommen.

Es würde den Rahmen dieses Kapitels sprengen, genau zu beschreiben, was wann zu beachten ist und was deine steuerlichen Pflichten sind. Suche dir auf jeden Fall einen Steuerberater, der diese Themen bedienen kann, und lass dich gleich zu Beginn ausführlich beraten.

Zum Schluss

Dieser Crashkurs zu den Themen Gründung und Steuern ersetzt keinesfalls eine eingehende und qualifizierte Beratung. Im Steuerrecht gilt der Grundsatz, dass man Fehler aus der Vergangenheit in der Regel nicht wiedergutmachen kann und alles nur für die Zukunft wirkt. Das solltest du beherzigen.

Es gibt einen guten Rat, der dir, wenn du dich daran hältst, viel Lehrgeld erspart: »Sei aufmerksam und frag IMMER und BEVOR du etwas tust, bei dem du dir nicht sicher bist, deinen Steuer- und/oder Rechtsberater!«

Ich wünsche dir bei der Gründung deines Business viel Erfolg!

Bau dir dein Business auf / Vermeide klassische – auch juristische – Fehler

Christian Wermke, Rechtsanwalt, Business Mediator, Personalentwickler (M. A.), Verhandlungs- und Kommunikationstrainer, systemischer Executive Coach, Speaker
Partner der Kanzlei Asmus Kamchen Koch Wermke GbR,
Steuerberatung | Wirtschaftsprüfung | Rechtsberatung | Consulting,
www.ihre-mittelstandsberater.de

Was gilt es für dich zu beachten, wenn du dein Business alleine oder mit mehreren Freunden oder Partnern hochziehen möchtest?

Meine drei Partner und ich haben unser Unternehmen mit viel Herzblut gegründet. Wir bieten Steuerberatung, Wirtschaftsprüfung, Rechtsberatung und Consulting an – alles aus einer Hand. Für alles, was wir nicht können (das solltest du auch von dir wissen), haben wir Partner, denen wir vertrauen. In meiner Rolle als Speaker und Trainer kümmere ich mich vor allem um Themen wie »Konflikte/Missverständnisse« und »professionelles Verhandeln«.

Meine drei Partner sind auch meine Freunde. Warum ist es mir wichtig, dass du das weißt? Nun ja, ich höre oft, dass man mit Freunden keine Geschäfte machen soll. So ein Quatsch! Das beste Business machst du mit Freunden, wenn … ja, wenn du nicht naiv drauflosrennst, sondern dich gewissen Regeln unterwirfst und der rechtliche Rahmen stimmt.

Und darum soll es in diesem Kapitel gehen.

Wo bekommst du deine Ideen her?

Deine Ideen hast du schon oder du wirst sie noch entwickeln bzw. festigen. Du lernst, eventuell auch von Profis, die dich bei deiner Vision unterstützen, diese Ideen zu überprüfen: Hast du dich bei der Entwicklung fremdbestimmen lassen oder verkörperst du wirklich selbst deine Ideen mit jeder Faser deines Körpers? Was willst du wirklich?

Ein solcher Ideenfindungsprozess kann sehr anstrengend sein und dich mit deinen Ängsten konfrontieren. Tobias schafft es so großartig wie kein zweiter Speaker, den ich kenne, einen Rahmen zu schaffen, in dem dir diese Ängste genommen werden. Außerdem triffst du auf Gleichgesinnte, die sich wechselseitig selbstlos und ehrlich unterstützen.

Wie bekommst du die PS auf die Straße – und wer sollte dich beraten?

Jetzt hast du möglicherweise deine Idee gefunden – doch was nun? Einfach loslegen? Einfach tun? Einfach machen?

Um im Tiermodell von Tobias zu sprechen: Hier kommt der Jurist (die Eule, Stufe 9) in mir hervor und verdrängt meinen Delfin (Stufe 10). Viele Speaker und Coaches suggerieren ihren Klienten und Teilnehmenden: »Sie müssen Ihre Ideen nur umsetzen und es einfach tun!« Das ist einerseits richtig und andererseits krass missverständlich. Inwiefern?

Natürlich ist es wichtig, deine Idee, von der du überzeugt bist und für die du brennst, umzusetzen, also die PS auf die Straße zu bringen – es geht also um das »Ob«: ob du nun endlich dein Phlegma überwindest und loslegst. Doch damit ist noch lange nicht gesagt, wie du das tust und wie du dich aufstellst, damit es auch nachhaltig funktioniert.

Auf dem »Spielfeld der Kunst« tummeln sich leider etliche düstere Gestalten, die dir nicht nur vorspiegeln, dass du absolut ALLES kannst, sondern dir auch als unseriöse Ratgeber »zur Seite stehen«. Von Steueroasen im Ausland ist da die Rede. Von der Gründung europäischer Gesellschaftsformen, von Steuersparmodellen oder auch von Briefkastenfirmen auf Zypern oder Malta – und natürlich musst du dich immer sehr zeitnah entscheiden, weil der Top-Deal oder die großartige Investitionsmöglichkeit sonst »wegfliegen« könnte.

Seit mein Partner Sven, Steuerberater und Wirtschaftsprüfer, und ich in der Speaker- und Trainerbranche beratend agieren, sind uns schon die dramatischsten Einzelschicksale begegnet. Oft nutzen »falsche Berater«, denen es nur um den eigenen Profit geht, die Gier anderer nach Erfolg aus (und eine solche Gier ist ja erst mal auch ein Ansporn, erfolgreich zu sein), um absolut verrückte Modelle zu verkaufen, die das Verlangen nach maximal schnellen finanziellen Vorteilen befriedigen. Insbesondere beim Thema »Finanzamt bescheißen« ist große Vorsicht angesagt und unbedingt der Steuerberater/Rechtsanwalt mit einzubeziehen. Ich war schon bei der ein oder anderen Hausdurchsuchung bei Mandanten dabei und kann dir sagen: Das ist nicht lustig und das ist es nicht wert! Lieber zeige ich als seriöser Berater meinem Mandanten ein paar Risiken innerhalb vermeintlicher Grauzonen auf und vermiese die Stimmung, als dass ich den Mandanten sehenden Auges gegen die nächste Wand rennen lasse.

Einigen dieser Opfer durften wir bereits helfen und retten, was es noch zu retten gab. In der Euphorie (angestachelte Gier) bist du in deinem assoziierten Zustand möglicherweise eher geneigt, jemandem (blind) zu vertrauen, als wenn du dissoziiert von außen auf die Situation schaust und reflektiert an die Sache herangehst.

Mein Appell an dich: Bau erst einmal dein Business seriös auf. Oft hast du am Anfang ohnehin nicht viel zur Verfügung, was du »todsicher« anlegen kannst.

Doch wie tust du das?

Businessplan und Finanzplan

Der Businessplan beinhaltet unter anderem deine Ideen, beschreibt aber auch, wie du diese umzusetzen gedenkst und wie du finanziell planen möchtest (3-Jahres-Plan). Im Businessplan wird deine Unternehmung gewissermaßen auf den Prüfstand gestellt und er dient als Dokumentationsinstrument für potenzielle Geldgeber.

Der Plan besteht aus verschiedenen Elementen, seine Erstellung kann sehr zeitaufwendig sein. Nimm dir diese Zeit. Folgende Punkte sollten unbedingt von dir möglichst präzise ausgearbeitet werden.

- Beschreib deine Geschäftsidee, dein Produkt/deine Dienstleistung, die relevanten Märkte und den etwaigen Investitionsbedarf.
- Nenn die wesentlichen Erfolgsfaktoren, wie etwa deine Wettbewerbsvorteile, den Kundennutzen und wie du deine Kunden überzeugen willst. Weise auf deine persönliche (tatsächlich bestehende) Kompetenz hin. Zeig zugleich wesentliche Risiken und wie du diese vermeiden willst auf.
- Was sind deine Unternehmensziele? Langfristige Ziele sind zum Beispiel der von dir angepeilte Marktanteil und Umsatz. Wie willst du diese Ziele realisieren? Achte darauf, die Ziele »SMART« zu definieren, also spezifisch, messbar, attraktiv, realistisch und terminiert.
- Was sind deine wirtschaftlichen Zielgrößen, also die Eckdaten zur Umsatz- und Gewinnentwicklung für die nächsten drei bis fünf Jahre, und wie hoch ist dein Kapitalbedarf (Eigen- und Fremdkapital bzw. Sicherheiten usw.)?

Die Steuerberaterkammer Rheinland-Pfalz hat einen nützlichen Leitfaden zur Erstellung deines Businessplans entwickelt, den du unter folgendem Link kostenfrei abrufen kannst:

https://www.tobias-beck.com/buecher/die-rede-deines-lebens/linksammlung/

Rechtsformwahl und Haftung

Schon während der Ideenentwicklung (und spätestens danach) solltest du dir überlegen, in welcher Rechtsform du als Unternehmer am Markt agieren möchtest.

Ein Unternehmer ist eine natürliche oder juristische Person oder eine rechtsfähige Personengesellschaft, die bei Abschluss eines Rechtsgeschäfts in Ausübung ihrer gewerblichen oder selbstständigen beruflichen Tätigkeit handelt. Die Frage nach der optimalen Rechtsform kann man nicht allgemein beantworten. Man muss die jeweiligen Erfordernisse des Unternehmens kennen. Wichtig ist etwa zu wissen, ob du alleine oder mit mehreren Personen zusammen gründen willst.

Bei mehreren Gründern kannst du unterscheiden zwischen den **Personengesellschaften**

- einer Gesellschaft bürgerlichen Rechts (GbR oder GdbR oder BGB-Gesellschaft):
  - Kein festes Kapital oder Mindesteinlage vorgeschrieben.
  - Entsteht ggf. schon, ohne dass du es merkst, durch einen mündlichen Vertrag, also »Tun« – daher VORSICHT!
  - Gesamtschuldnerische Haftung (Geschäfts- und Privatvermögen) – aber: Individualvereinbarungen mit Vertragspartnern möglich, s. u.

- einer Offenen Handelsgesellschaft (OHG):
  - Kein festes Kapital oder Mindesteinlage vorgeschrieben.
  - Entsteht ggf. schon, ohne dass du es merkst, durch einen mündlichen Vertrag, also »Tun« – daher VORSICHT!
  - Gesamtschuldnerische Haftung (Geschäfts- und Privatvermögen).

- einer Kommanditgesellschaft (KG):
  - Für Komplementär (persönlich haftender Gesellschafter, wie bei der OHG) gilt: kein festes Kapital oder Mindesteinlage vorgeschrieben.

- Für Kommanditist (beschränkt haftender Gesellschafter, beschränkt auf Einlage) gilt: muss Einlage in beliebiger Höhe übernehmen.

oder den **Kapitalgesellschaften**. Bei diesen ist immer eine notarielle Beurkundung erforderlich. Zudem entstehen sie erst mit Registereintragung

- Gesellschaft mit beschränkter Haftung (GmbH):
    - Mindeststammkapital: 25 000 €; Mindesteinzahlung bei Gründung: 12 500 €.
    - Es haftet das Gesellschaftsvermögen. Der Gesellschafter schuldet nur die volle Einlage.

- Unternehmergesellschaft (haftungsbeschränkt) (UG haftungsbeschränkt):
    - Mindeststammkapital: 1 €, aber sogenanntes Zwangssparen: $\frac{1}{4}$ des Jahresgewinnes muss als Rücklage eingestellt werden, bis 25 000 € Kapital erreicht ist.
    - Die UG (haftungsbeschränkt) ist quasi eine »Baby-GmbH«, die zwingend mit der Zeit zu einer GmbH heranwächst und »erwachsen« wird.
    - Es haftet das Gesellschaftsvermögen. Der Gesellschafter schuldet nur die volle Einlage.

- Aktiengesellschaft (AG):
    - Mindestgrundkapital: 50 000 €. Mindesteinzahlung $\frac{1}{4}$ des Ausgabebetrages. Mindestnennbetrag einer Aktie: 1 €.
    - Es haftet das Gesellschaftsvermögen. Der Aktionär schuldet nur die volle Einlage.

Wenn du ganz alleine performen möchtest, kommt das Einzelunternehmen, die Gründung einer GmbH oder UG (haftungsbeschränkt) oder eine GmbH & Co. KG in Betracht.

Bei der Rechtsformwahl solltest du auch die Frage der Haftung berücksichtigen. Ist das, was du tust, eventuell haftungsrelevant? Veranstaltest du Events? Hast du Verantwortung für eine Crew? Wie riskant sind die Übungen, die du mit den Teilnehmenden absolvierst? Nutzt du urheberrechtlich geschützte Werke? Fertigst du Fotografien und Videos auf deinen Veranstaltungen an? Und, und, und ...

Bist du Einzelunternehmer, Gesellschafter einer OHG oder Komplementär einer KG, haftest du über das Betriebsvermögen hinaus mit deinem Privatvermögen!

Auch die GdbR-Gesellschafter haften als Gesamtschuldner mit ihrem Privatvermögen für Unternehmensverbindlichkeiten. Die Haftung kann bei der GdbR bestenfalls individuell auf das Geschäftsvermögen durch vertragliche Vereinbarung mit einem Vertragspartner beschränkt werden (aber wer macht so etwas schon, wenn er stattdessen eine volle Haftung als Sicherheit hätte?). Gesamtschuldnerische Haftung bedeutet, dass der Gläubiger sich aussuchen kann, gegen welchen Gesellschafter der GdbR er vorgehen will. Die Gesellschafter müssen wiederum untereinander einen anteilsgemäßen Ausgleich schaffen (Ausgleichsanspruch). Ist einer der Gesellschafter pleite, muss der andere für die komplette Schuld einstehen.

Bist du GmbH-Gesellschafter, Aktionär einer AG oder Kommanditist einer KG, ist die Haftung auf die Höhe der Geschäftsanteile beziehungsweise Kommanditeinlagen beschränkt. Auf dein Privatvermögen können etwaige Gläubiger nicht zugreifen.

Firmenname

Dein Firmenname muss gewissen wichtigen Grundsätzen entsprechen:

- Du musst einen Namen wählen, der eine Unterscheidungskraft hat und kennzeichnend wirkt.
- Es sind Personen- (Horst Müller GmbH), Sach- (Bananenfreunde GmbH) und Fantasienamen (Lelupsi GmbH) zulässig.

- Die Rechtsform muss ersichtlich sein.
- Du musst die Haftungsverhältnisse offen legen.
- Deine Firma/dein Firmenname darf nicht irreführend sein.
- Bei der zuständigen Industrie- und Handelskammer musst du deinen Firmennamen sodann prüfen lassen.

Umsetzung

Jetzt geht's zum Rechtsanwalt und Steuerberater, um die für dich individuell sinnvolle Unternehmensform umzusetzen, sprich: Verträge erstellen oder für den Notar vorbereiten, Anstellungsverträge erstellen, Markenschutz beantragen usw.

Vertrau da bitte nur den Profis und nicht den »Alleswissern« oder deiner Suchmaschine. Deine Zukunft ist viel zu wertvoll, als dass es sich lohnt, an dieser Stelle Geld zu sparen. Auch Musterverträge bilden oft nicht das individuelle Bedürfnis eines Unternehmens ab, sondern dienen nur als Anhaltspunkt.

Ich erlebe es so oft, dass gerade beim Rechtsanwalt oder Steuerberater gespart werden soll – aber noch die letzten Euro unreflektiert in ein »schönes« Werbegeschenk oder Ad-Werbung investiert werden. Versteh mich bitte nicht falsch: Werbegeschenke, eine tolle Homepage, Ad-Werbung, Social Media usw. sind durchaus wichtig. Dennoch empfehle ich dir, die Leistungen eines guten Rechtsanwalts und eines guten Steuerberaters zu schätzen und, wenn du dich aus finanziellen Gründen entscheiden musst, diese unbedingt zu priorisieren.

Das Wichtigste in Kürze

- Such dir vertrauenswürdige, seriöse Partner, die dir zur Seite stehen. Am besten eine Kanzlei, die Rechtsberatung und Steuerberatung aus einer Hand anbietet. Wirtschaftsprüfer sorgen für eine weitere »Adlerperspektive«.
- Glaub nicht alles, was man dir zwischen Tür und Angel verspricht. Frag nach Nachweisen und Rechtsgrundlagen.
- Reflektiere deine Gier und sei dir der Folgen bewusst, wenn du Graubereiche oder vermeintliche Gesetzeslücken ausnutzen willst. Hausdurchsuchungen sind uncool!
- Vermeide kurzfristige Erfolge, die auf Kosten langfristig nachhaltiger Beziehungen wirken. Denk strategisch und mit Weitblick.
- Verschaff dir einen eulenhaften Überblick. Das kostet Zeit und Energie, die aber extrem gut angelegt sind.
- Bring deine Idee in einem Businessplan zu Papier. Stimm den Finanzplan mit deinem Steuerberater ab und plane lieber pessimistisch. Wenn es besser läuft als erwartet, ist das umso schöner.

Kenn deine Zahlen!

Björn Schnare, Geschäftspartner Tobias Beck,
Geschäftsführer der Xperience International GmbH
(Tobias Beck Unternehmensgruppe),
Forbes Couch Council Mitglied, Dipl. Bankbetriebswirt
www.bjoernschnare.com

Wie bereits im Kapitel »Betätigungsfelder & Verdienstmöglichkeiten« beschrieben, sollte Geld niemals der alleinige Motivator für dein Business sein. Das bedeutet aber nicht, dass du blauäugig agieren und die wichtigsten Zahlen außer Acht lassen solltest!

Wenn du mit deiner Botschaft ein Unternehmen aufbauen möchtest, solltest du von Anfang an ein Verständnis für deine Zahlen entwickeln. Nur wenn du wirklich weißt, ob sich deine Aktivitäten auch finanziell rechnen, kannst du die richtigen Entscheidungen treffen und bist damit langfristig auf der sicheren Seite. Kennst du deine Zahlen hingegen nicht, kannst du mit deinen Aktivitäten weder Menschen und soziale Projekte unterstützen noch dein Unternehmen weiter voranbringen noch deinem Team einen sicheren Arbeitsplatz bieten.

In diesem Kapitel findest du kurz und kompakt die wichtigsten Informationen in puncto Zahlen.

Schaff ein einheitliches Verständnis in deinem Team

Es mag noch so banal klingen und du denkst dir vielleicht, es sei selbstverständlich. Doch die Erfahrung zeigt, dass es fundamental wichtig ist, in deinem Team ein einheitliches Verständnis hinsichtlich der wichtigsten Begriffe und finanziellen Kennzahlen zu schaffen. Nur so kannst du sicherstellen, dass ihr alle eine Sprache sprecht und dass zum Beispiel (Controlling-)Reports richtig interpretiert werden. Schließlich werden auf dieser Basis Entscheidungen von teilweise enormer Tragweite getroffen.

B2B vs. B2C

Wenn du als Trainer oder Speaker startest oder bereits tätig bist, hast du zwei mögliche Zielgruppen, die du mit deinen Leistungen unterstützen kannst.

B2B (= Business to Business)

Im B2B-Geschäft bietest du deine Leistung anderen Unternehmen an. Das ist zum Beispiel der Fall, wenn du als Speaker von einem Unternehmen für einen Vortrag gebucht wirst.

B2C (= Business to Customer)

In diesem Fall bietest du deine Leistung sogenannten (End-)Kunden an. Beispiele für B2C-Geschäfte als Speaker sind öffentliche Seminare (z. B. der »Speaking Performance Practitioner«) oder der Verkauf von Merchandise-Artikeln (Tassen, CDs usw.).

Brutto vs. netto

Sobald du deine Dienstleistung an einen Kunden verkaufst, musst du die gesetzliche Mehrwertsteuer berücksichtigen. Das bedeutet, dass auf deinen Nettopreis die Mehrwertsteuer hinzugerechnet wird. Diese stellst du auch deinem Kunden in Rechnung (i. d. R. 19 % Mehrwertsteuer in Deutschland).

Beispiel:

Seminarpreis 1 000 € (Nettopreis)
+ MwSt.   190 € (19 Prozent von 1 000 €)

= Rechnung   1 190 € (Bruttopreis)

Wichtig zu wissen: Dir fließen zwar die 1 190 € als Geldmittel zu, du musst jedoch die Mehrwertsteuer (hier 190 €) an das Finanzamt weiterleiten. Es handelt sich also um einen durchlaufenden Posten. Hierbei kann dich ein guter Steuerberater unterstützen. Die Abführung der Umsatzsteuer erfolgt in der Regel monatlich. Tatsächlich stehen dir in diesem Beispiel somit »nur« 1 000 € zur freien Verfügung.

Wir haben es gerade bei Nachwuchstalenten oft gesehen, dass dieser Umstand nicht berücksichtigt wurde und es bei Belastung der Umsatzsteuer durch das Finanzamt zu Zahlungsproblemen gekommen ist. Bei einem Umsatz von 1 190 € mag das noch überschaubar sein. Doch stell dir bitte einmal folgendes Szenario vor (denn du wirst bald diese Umsätze machen!):

Verkauf von 300 Tickets je 1 190 € (brutto): 300 × 1 190 € = 357 000 € Umsatz. Darin enthalten sind 19 Prozent Umsatzsteuer, sprich 57 000 €. Tatsächlich stehen dir damit »nur« 300 000 € zur Verfügung.

Action Steps
- Schaff ein einheitliches Verständnis in deinem Team: Wie und in welcher Form werden die Preise gegenüber dem Kunden ausgewiesen? Je nach Schwerpunkt des Geschäfts entweder brutto oder netto. B2C = Nettopreise / B2C = Bruttopreise.
- Verwende in Controllingberichten IMMER Nettopreise, denn nur dieses Geld ist wirklich in deiner Kasse.
- Bilde monatliche Rücklagen: Zum Anfang eines jeden Monats buchst du auf Basis der Verkäufe des Vormonats die vereinnahmte Umsatzsteuer auf ein separates Konto, bis das Finanzamt von dir den Umsatzsteuerbetrag einfordert. Ein guter Steuerberater kann dir den genauen Betrag nennen, da du gewisse Kosten und damit die von dir gezahlte Mehrwertsteuer »gegenrechnen« kannst. Lieber zu viel als zu wenig Rücklagen bilden!

Umsatz vs. Gewinn

Unsere Erfahrung zeigt auch, dass es häufig ein unterschiedliches Verständnis von Umsatz und Gewinn in den jeweiligen Teams gibt.

Umsatz ist, vereinfacht gesprochen, alles das, was dir als Einnahme zufließt. Davon sind gewisse Kosten zu decken, beispielsweise für Personal, Freelancer, IT-Infrastruktur, Material, Büromiete und für die Veranstaltungsorte. Nach Abzug all dieser Kosten bleibt der tatsächliche Gewinn übrig.

Nur wenn regelmäßig von deinem Umsatz auch Gewinn übrig bleibt, hast du die Möglichkeit, aus eigener Kraft zu wachsen und weiter in dein Unternehmen zu investieren.

Wir haben beispielsweise unsere Firma ohne die Aufnahme von Verbindlichkeiten (Bankkrediten) aufgebaut und können dieses Vorgehen auch dir nur ans Herz legen. Lieber langsam und dafür stabil wachsen, anstatt Mittel aufzunehmen und das Wachstum mit geliehenem Geld zu finanzieren.

Action Steps

- Kenn deine Zahlen! Wie viel Geld bleibt von deinem Umsatz übrig?
- Kommuniziere diese Zahl und den Weg dorthin deinem Team. So signalisierst du Vertrauen und ihr könnt gemeinsam Ideen sammeln, welche Optimierungsfelder es gibt.
- Fördere die Denkweise des »eigenen CEO« in deinem Unternehmen.
- Verbessere ständig das Verhältnis von Umsatz und Gewinn. Das darf jedoch nie auf Kosten deiner gewünschten Qualität gehen (ja, das ist möglich, sei kreativ!).

Deine Missions-Umsatz-Matrix

Wir nutzen in unserem Unternehmen ein transparentes Modell, anhand dessen wir aktuelle und geplante Aktivitäten bewerten können. Dieses Modell haben wir erstmalig in einem internen Teammeeting vorgestellt und gemeinsam mit dem Team mit Leben gefüllt.

Wir bewerten regelmäßig unsere Aktivitäten. Wir prüfen sie dahingehend, ob

a) das Projekt auf unsere definierte Unternehmensmission/-vision[7] einzahlt;
b) durch die Umsetzung der Aktivität Gewinn realisiert werden kann, um weitere Innovationen zu ermöglichen.

Die Matrix ist angelehnt an die sogenannte BCG-Matrix (von der Boston Consulting Group entwickelt). Wir haben sie für unsere Zwecke stark vereinfacht und leicht abgewandelt, um die Akzeptanz im Team zu erhöhen.

Hohes Wachstumspotenzial	❓ Question Marks	⭐ Stars
Niedriges Wachstumspotenzial	🐶 Poor Dogs	🐄 Cash Cows
	Geringer Einfluss auf Mission	**Hoher Einfluss auf Mission**

---

[7] Unsere Unternehmensmission: Wir sind Wegbegleiter und schaffen den Rahmen, um Menschen ihrer Verantwortung bewusst zu machen, sie in ihre Stärke zu führen, sie miteinander zu verbinden und kreieren dadurch Leader, die genau diese Mission weiter in die Welt tragen.

Kurze Erläuterung:

Poor Dogs (arme Hunde)
Diese Aktivitäten zahlen weder auf deine Mission ein, noch haben sie ein hohes Wachstumspotenzial. Du solltest sie je nach Möglichkeit einstellen beziehungsweise ihnen weniger Aufmerksamkeit schenken.

Question Marks (Fragezeichen)
Diese Aktivitäten können zum aktuellen Zeitpunkt noch nicht in eines der anderen Felder eingeordnet werden. Das heißt: Sowohl das Wachstumspotenzial als auch die zukünftige Ertragsaussicht ist noch offen. Ziel ist es, die Question-Marks-Projekte in Richtung »Stars« oder »Cash Cows« zu entwickeln.

Cash Cows (Geldkühe)
Diese Aktivitäten kannst du aktuell noch nicht weiter ausbauen, sie bringen dir jedoch weiterhin Gewinne. Mit diesen Gewinnen kannst du zum Beispiel in Question-Marks- oder Stars-Projekte investieren. Lass diese Aktivitäten laufen.

Stars (Sterne)
Diese Aktivitäten haben ein hohes Wachstumspotenzial und zahlen deutlich auf deine Mission ein. Investiere in diese Projekte!

Action Steps
- Entwickle eine solche Matrix gemeinsam mit deinem Team.
- Konzentrier dich auf maximal zwei bis drei Question-Marks-Projekte.
- Eliminiere Poor-Dogs-Projekte!
- Setze sämtliche Ressourcen sinnvoll ein.
- Überprüfe die Einordnung ein- bis zweimal pro Jahr.

Ressourcenfokussiertes Handeln

Wir leben in einer Zeit, in der wir achtsam mit den Ressourcen umgehen müssen. Es lassen sich grundsätzlich mehrere Arten von Ressourcen unterscheiden:

- Menschen (die Arbeitskraft deiner Mitarbeiter)
- Material
- Umwelt / Natur
- Finanzen (wie und wofür du das Geld ausgibst).

Wenn du und dein Team beständig darauf achtet, dass alle Beteiligten (z. B. auch deine Dienstleister) sorgsam mit den vorhandenen Ressourcen umgehen, können wir es schaffen, auch mit diesen kleinen Schritten die Welt zu einem besseren Ort zu machen. Unabhängig davon schont ein bewusster Einsatz von Ressourcen deine Kasse und dir stehen mehr Mittel für weitere Investitionen zur Verfügung.

Wir haben es uns beispielsweise zur Aufgabe gemacht, einen bestimmten Teil unseres jährlichen Gewinns an wohltätige Organisationen zu spenden. Seien wir doch ehrlich: Wenn du wirklich etwas in der Welt verändern möchtest, spielt Geld nun einmal eine Rolle – ob uns das gefällt oder nicht. Je mehr Geld in deinem Unternehmen »unterm Strich« übrig bleibt, desto mehr Gutes kannst du damit auch tun!

Die vorgestellte Missions-Umsatz-Matrix kann dir dabei die notwendige Hilfestellung bieten. Wenn du diese gemeinsam mit deinem Team entwickelt hast, beschert dir das nicht nur die Akzeptanz deines Teams. Ihr sammelt auch gemeinsam Ideen, welche Themen und Projekte noch fehlen oder welche Projekte besser eingestellt werden. So schaffst du nicht nur neue personelle Ressourcen, sondern setzt auch finanzielle Ressourcen frei.

Action Steps
- Nutz die Schwarmintelligenz deines Teams!
- Definiere in deinem Team ein gemeinsames WARUM: Was ist euer Ziel? Welches soziale Projekt möchtet ihr unterstützen?

Die Basics im Bereich Controlling

Wenn du mit deinem Geschäft startest oder auch schon einige Zeit dabei bist, ist es ratsam, sich mit einigen Grundlagen des Controllings zu beschäftigen. Controlling wird oft fälschlicherweise mit dem Begriff »Kontrolle« gleichgesetzt. Controlling bedeutet Daten zu sammeln, aufzubereiten und anschließend auf Basis der Ergebnisse Unternehmensentscheidungen zu treffen. Es geht beim Controlling also darum, das Unternehmen zu steuern.

Im Bereich Training und Speaking gibt es verschiedene Punkte, bei denen Controlling dir wichtige Hilfestellungen bieten kann. Nachfolgend findest du einige Bereiche, auf die du im ersten Schritt den Fokus legen solltest.

Deckungsbeitrag: Was bleibt von einem Ticket übrig? Was kostet mich ein Ticket?

In vielen Unternehmen gibt es die sogenannte Deckungsbeitragsrechnung. Der Deckungsbeitrag ist, vereinfacht gesprochen, die Differenz zwischen den erzielten Erlösen (Umsatz) und den mit der Herstellung verbundenen Kosten (z. B. Materialkosten bei Produkten oder die Kosten für eine Eventlocation bei Seminaren). Übrig bleibt der Betrag, der zur Deckung deiner Fixkosten im Unternehmen verwendet werden kann, zum Beispiel für Löhne und Gehälter, Technik und die Miete der Geschäftsräume.

Nachfolgend ein Beispiel einer solchen Deckungsbeitragsrechnung; es bezieht sich auf den Verkauf der Seminartickets aus dem vorangegangenen Abschnitt.

Hinweis: Es ist ratsam, die Deckungsbeitragsrechnung direkt auf Basis der Nettowerte zu erstellen.

Verkaufspreis (brutto)	1 190 €
Verkaufspreis (netto)	1 000 €
./. Herstellungskosten	300 €
= Deckungsbeitrag I	**700 €**
./. Vertriebskosten	50 €
./. Werbekosten	0 €
= Deckungsbeitrag II	**650 €**
× Anzahl verkaufte Tickets	300 Stück
=	195 000 €
./. Kosten für Salespage	2 000 €
./. Kosten für Videotrailer	1 000 €
./. Sonstige Kosten	0 €
= Deckungsbeitrag III	**192 000 €**

Die Rechnung kannst du beliebig anpassen und gegebenenfalls weiter fortsetzen.

Wie das Beispiel zeigt, bleiben vom vereinnahmten Nettoumsatz in Höhe von 300 000 € in diesem Beispiel »nur« 192 000 € übrig. Mit diesem Betrag sind noch sämtliche Kosten in deinem Unternehmen zu decken, die nicht auf ein einzelnes Produkt / Seminar sinnvoll heruntergerechnet werden können.

Action Steps
- Kenne deine Zahlen. Erstelle eine Deckungsbeitragsrechnung für deine Seminare und wichtigsten Produkte.
- Kommuniziere auch diese Zahlen deinem Team.
- Nutz die Ergebnisse, um deinen Businessplan zu überprüfen und deine Geschäftsplanung für die nächsten Jahre vorzunehmen.
- Aktualisiere die Rechnung ein- bis zweimal pro Jahr auf Basis der tatsächlichen Zahlen.

Automatisierung als Booster für dein Controlling

Wie gelingt es dir, einen konstanten Überblick über deine Zahlen zu bekommen? Der Schlüssel liegt in der Automatisierung deiner (Controlling-)Berichte.

Der Aufbau einer solchen Automatisierungsstruktur kann sehr unterschiedlich sein und es würde den Rahmen dieses Buches bei Weitem überschreiten, alle relevanten Aspekte vorzustellen. Daher möchte ich dir nachfolgend nur einige wichtige Punkte an die Hand geben, über die du dich bei Bedarf tiefergehend informieren kannst.

1. Starte mit Microsoft Excel

Es gibt unterschiedliche Tools und Plattformen, mit denen du sogenannte Business-Intelligence-Auswertungen (Geschäftsanalytik) deiner Daten in grafischer Form erstellen kannst. Im ersten Schritt starte ganz easy, indem du in Microsoft Excel erste Berichte entwickelst oder Menschen aus deinem Team diese Aufgabe übernehmen. Dies können zum Beispiel Analysen der Ausgaben und Einnahmen sein, die du für deine Events tätigst (Wofür gibst du das meiste Geld aus? Wie entwickeln sich die Kosten für deine Locations und Logistik im Zeitablauf etc.?). Im vorangegangenen Abschnitt hast du bereits einige Impulse bekommen, wie du beispielsweise die Profitabilität deiner Veranstaltungen überprüfen kannst.

2. Nutz zum Beispiel DATEV Unternehmen online

Wir haben mit unserem Steuerberater den Datenaustausch hinsichtlich Einnahmen und Ausgaben so weit automatisiert, dass wir nahezu in Echtzeit einen aktuellen Stand bekommen können. In DATEV Unternehmen online beispielsweise kannst du auch auf diverse vorgefertigte Berichte zugreifen. Sprich den Steuerberater deines Vertrauens an, er wird dir sicherlich den aktuellen Stand hinsichtlich vorhandener Musterberichte mitteilen. Die Kosten für das Portal sind, angesichts der Zeitersparnis und Transparenz in deinem Unternehmen, die du damit erzielen kannst, verschwindend gering. Auf die Berichte kannst du außer über die Werboberfläche im Internetbrowser auch über ein iPad von unterwegs aus zugreifen. So hast du dein Unternehmen und damit deine Zahlen immer dabei.

3. Nutz weiterführende Business-Intelligence-Tools

Wenn du dein Speakergeschäft weiter vorangebracht hast, solltest du deine Datenauswertungen weiter vertiefen, um detailliertere Daten zu erhalten. Dafür kannst du beispielsweise Tools wie QlickView oder Microsoft PowerBI nutzen. Mithilfe solcher BI-Tools bekommen deine Daten eine ganz neue Aussagekraft. Den Kern bildet in der Regel eine direkte und damit automatisierte Anbindung an deinen Datenbestand. Auf diese Art kannst du beispielsweise sichtbar machen, woher deine Kunden gestaffelt nach dem Umsatz kommen, welche Gebiete du geografisch noch nicht mit deiner Dienstleistung erreichst, über welche Kanäle du am besten mit deinen Kunden in Kontakt kommst, welche Bezahlverfahren gerne angenommen werden und vieles mehr. Der Fantasie sind keine Grenzen gesetzt.

Action Steps

- Erstell erste Controllingauswertungen, die dir dabei helfen, Unternehmensentscheidungen zu treffen.
- Nimm den Druck raus: Fang klein an und entwickle nach und nach weitere Auswertungen.
- Hol dir Menschen in dein Team, die dich dabei unterstützen können. Ob Praktikant, Werkstudent, feste Mitarbeiter oder Freelancer – es gibt Menschen, die daran richtig Freude haben.
- Miss und steuer dein Unternehmen auf Basis dieser Daten, denn Zahlen lügen nicht!

Gefühl versus Zahlen

In den vorangegangenen Abschnitten haben wir viel darüber gesprochen, wie wichtig es ist, seine Zahlen zu kennen. Doch was tust du, wenn du noch keine Zahlen hast und gerade mit deinem Geschäft startest?

Insbesondere wenn du neue Produkte oder Seminare entwickelst, darfst du auch gerne auf dein Gefühl vertrauen. Sammele erste Erfahrungen und überprüfe regelmäßig aufgrund dieser Erfahrungen und damit auch Zahlen, ob du noch auf dem richtigen Weg bist oder ob du deine Richtung anpassen musst. So bist du auf der sicheren Seite!

Speaker sind keine Stars

Irgendwann ist es so weit: Du hast eine wunderbare Idee entwickelt, die du unbedingt an den Mann/die Frau bringen willst – und du möchtest auf die Bühne! Ich möchte dir gerne erzählen, wie das bei mir damals so war und wie einige meiner Freunde und Mentoren den Dreischritt Idee – Zielgruppe – Go! erfolgreich gegangen sind.

Das Sprungbrett:
20 Minuten GEDANKENtanken

Nun geht es um den Auftritt, der in meinem Leben alles verändert hat.

Da war sie nun, die Chance, auf die ich seit 20 Jahren gewartet hatte: Ich stand hinter der Bühne eines Theaters in Stuttgart und gefühlt tennisballgroße Schweißperlen liefen langsam meinen Nacken hinunter. Die Rede meines Lebens stand kurz bevor.

Die Begrüßung und die ersten Momente hinter den Kulissen waren ernüchternd. Ich hätte mir denken können, dass mich die anderen Speaker nicht mit offenen Armen erwarten würden. Große Namen standen auf den Schildern in der Garderobe und jeder bereitete sich routiniert auf seinen Auftritt vor. Alle waren irgendwie miteinander vertraut und tauschten Insiderwitze aus. Ich verstand nur Bahnhof, als über Details wie die richtige Position für das perfekte Bild auf Youtube gesprochen wurde.

Zu diesem Zeitpunkt wusste ich noch nicht, dass die Rede, die ich gleich halten würde, für ein Aufhorchen der gesamten Rednerszene sorgen und hunderttausendfach angeschaut werden würde. Voller Ehrfurcht gab ich allen die Hand. Ich kann mich nicht daran erinnern, jemals in meinem Leben so nervös gewesen zu sein.

Hinter der Bühne herrschte hektisches Treiben wie bei einer Fernsehproduktion, als ich zu dem Punkt gerufen wurde, von dem aus ich auf die Bühne gehen sollte. Der Sprecher vor mir war ein absoluter Star der Szene und hatte gigantischen Applaus bekommen. Diese Vorlage half mir nicht wirklich, mich besser zu fühlen, der innere Schweinehund meldete sich und begann in meinem Kopf zu witzeln: »Und gleich nach dem Superstar kommt Tobias aus Wuppertal mit seinen Bewohnern …«

In dem Moment blickte ich dem Erfinder von Günther, dem inneren Schweinehund, Stefan Frädrich, persönlich in die Augen. Er machte mich nochmals freundlich auf den Monitor vor der Bühne aufmerksam, auf dem 20:00 stand. »Nach genau 20 Minuten drehen wir das Mikrofon ab, viel Erfolg«, sagte er.

Was zu dem Zeitpunkt keiner wusste: Ich hatte die Rede meines Lebens über 1 000 Mal geübt. Den Ausgang des Abends kennst du.

Meine Tipps für 20-Minuten-Formate:
Vor dir sitzen keine Fans deines Programms, sondern Menschen, die sich neue Impulse holen wollen. Es ist also extrem wichtig, so allgemeinverständlich wie irgendwie möglich zu formulieren und den Leuten deine Message binnen kürzester Zeit begreiflich zu machen. Das machst du am besten so einprägsam wie möglich, denn vor oder nach dir kommen vielleicht noch bis zu zehn weitere Sprecher.

Du hast also nur ein Ziel: Du willst dich in die Erinnerung der Menschen hineinbrennen. Das gelingt dir so:

- Begib dich mit dem Publikum auf eine emotionale Achterbahnfahrt.
- Verzichte auf Fremdwörter.
- Fokussier dich auf deine Kernaussage.
- Mach deinen Inhalt greifbar und erlebbar.
- Nimm deine besten Inhalte und setz sie für dieses Format zusammen.
- Nutz einfache und verständliche Bilder.
- Halt dein Buch hoch.
- Geh in Interaktion mit dem Live-Publikum.

Hier noch mal alle meine Auftritte bei GEDANKENtanken, damit du dir jedes Werkzeug, das du in diesem Buch kennengelernt hast, in Ruhe anschauen kannst:

https://www.tobias-beck.com/buecher/die-rede-deines-lebens/linksammlung/

Deine Zielgruppe ist wie du

Die Frage, die für die meisten am wichtigsten ist, lautet: Wer ist mein Kunde und woher bekomme ich zahlende Teilnehmende, die meine Seminare besuchen?

Die Antwort ist dermaßen banal, dass du wahrscheinlich schmunzeln wirst: Deine Zielgruppe bist du! Die Menschen, die zu dir kommen, sind dir ähnlich, haben ähnliche Interessen wie du und begeistern sich für das gleiche Thema.

So weit, so gut. Nun darfst du eine Grundsatzentscheidung treffen: Machst du etwas für die Masse oder platzierst du dich in der Nische? Nehmen wir einmal an, du bist leidenschaftlicher Hobbykoch und seitdem du denken kannst, bewundern andere deine Fähigkeit, Geschmacksexplosionen auf der Zunge auslösen zu können. Nun hast du zwei Möglichkeiten zur Auswahl:

1. Du steigst in den großen Ring, machst den zigsten Podcast zum Thema Essen, veranstaltest Live-Events, schreibst Kochbücher etc.

ODER

2. Du steigst direkt spitz in den Markt ein, nimmst diesen einen Punkt, der dich am Kochen begeistert, bist direkt in der Nische angekommen und machst dir sofort einen Namen. Wenn du beispielsweise nur Produkte aus dem eigenen Garten verwendest, könntest du um diese Besonderheit herum den gesamten Marketingkanal aufbauen:

- Das Geheimnis der Küche mit Zutaten aus Omas Garten
- Der »Essen aus dem eigenen Garten«-Podcast
- Das entsprechende Kochbuch
- Kooperationen mit Bau- und Gartenmärkten

Wer ist jetzt dein Kunde? In diesem Fall sind das all jene, die ihre Lebensmittel ohnehin schon aus dem Garten beziehen und froh sind, dass ihnen endlich jemand gezielt etwas dazu erzählt.

Eines ist klar: Das Geld und der Erfolg stecken entweder in der Masse oder in der Nische! Bleiben wir noch mal kurz beim Essen und überleg dir, welches italienische Restaurant in deiner Stadt so richtig erfolgreich ist. Richtig, entweder der Edelitaliener, der die Nische füllt, oder der Systemgastronom, der das Massengeschäft bedient. Alle anderen kommen meistens gerade so über die Runden.

Es geht natürlich auch eine Kombination aus beidem, aber das ist ein weiter Weg und wenn du dir den Markt einmal in Ruhe anschaust, wirst du merken: In den Hallen der größten Speaker sitzen immer Kopien der Person, die vorne steht!

Das bedeutet im Klartext: Du bringst immer den Menschen etwas bei, die in ihrer Entwicklung noch nicht ganz so weit sind wie du oder die genau das haben wollen, was du hast. Deine Zielgruppe hat ähnliche Interessen wie du, und ich gehe sogar noch einen Schritt weiter: Sie kleidet sich ähnlich, hat eine ähnliche Lebenseinstellung, ein ähnliches Bildungsniveau etc.

Das nimmt auch extrem den Druck aus der Sache. Du musst nicht perfekt oder »fertig« sein, um in diesen Markt zu starten! Egal wo du gerade in deiner Entwicklung stehst, es gibt immer andere, denen du etwas beibringen kannst.

So kann es gehen

Nehmen wir an, du bist Kinderärztin; dann würdest du wohl kaum auf einer Facharztetagung zu einem Spezialthema referieren, in das du dich erst einmal viele Monate oder Jahre lang einarbeiten müsstest, oder? Wie wäre es, wenn du als Expertin für Kinderheilkunde stattdessen einen Online-Kurs über die häufigsten Kinderkrankheiten entwickelst und so Mehrwert für Eltern stiftest, die wegen jedem Schnupfen ihrer kleinen Lieblinge zum Arzt rennen?

So etwas hat eine unserer Absolventinnen gemacht! Clever, oder?

Das ist für dich eine sehr wichtige Information. Du musst dir nur ernsthaft die Frage stellen, zu welchem Thema du wirklich etwas zu sagen hast. Und bitte sag mir nicht, dass es für dein Thema keine Zielgruppe gibt, denn es gibt für alles eine Zielgruppe.

Dazu möchte ich dir eine Geschichte erzählen, die meine Worte untermauert: Vor zwei Jahren traf ich einen jungen Mann namens Hubertus Massong, der mit viel Hingabe und Leidenschaft über seine Lebensaufgabe sprach: »Ich möchte gerne so vielen Menschen wie möglich das Angeln beibringen; der Angelschein ist in Deutschland aktuell viel zu schwer zu erlangen.« Leicht amüsiert hörte ich zu und war absolut perplex, als er ausholte und darüber sprach, dass über 1,3 Millionen Deutsche angeln gehen und es jährlich Zehntausende mehr werden. Und jeder von ihnen braucht einen Angelschein, Angelprodukte, Fachbücher und so weiter.

Und jetzt bist Du dran:

Thema:
_____

_____

_____

_____

Zielgruppe: (Diese ist wie du)
_____

_____

_____

_____

Podcast:
_____

_____

_____

_____

Produkte:
_____

_____

_____

_____

_____

Gesellschaftliche Verantwortung

Dieses Buch gibt dir nicht nur die Werkzeuge an die Hand, um als Speaker erfolgreich zu werden. Du übernimmst damit auch immer die Verantwortung, mit diesen Tools ethisch und moralisch einwandfrei umzugehen. Wenn du das wertvolle neue Wissen nur dafür nutzt, um dir die Taschen voll zu machen, wird nichts funktionieren und auf Dauer wird dein großes Projekt wie ein Kartenhaus in sich zusammenfallen.

Geh achtsam mit deinen Teilnehmenden und dem Wissen dieses Buches um, denn es ist wie Wasser: umschmeichelnd weich oder bretthart und tödlich. Ich wünsche dir kein Glück, denn daran glaube ich nicht, sondern ich wünsche dir Freude und Leichtigkeit.

Die Phasen deines Lebens, in denen du still warst und deine Meinung für dich behalten hast, sind nun vorbei. Es ist deine Pflicht, für all diejenigen aufzustehen, die es selbst nicht können oder denen es an Mut fehlt. So viele Menschen haben sich in ihr Schicksal gefügt, ihre Träume begraben und sind auf den Zug der Mittelmäßigkeit aufgesprungen. Du aber wirst dich nicht unterkriegen lassen, versprochen?

Der Gegenwind wird kommen, aber auch dafür gibt es einen guten Rat. Definiere Werte, die dich und deine Auftritte ausmachen werden. Diese Werte werden dich in den Momenten tragen, in denen du zweifelst, müde bist und am liebsten aufgeben würdest.

Warum das so wichtig ist? Sobald du auf der Bühne stehst, hast du automatisch die Führung im Raum übernommen und bist ein Vorbild für andere. Am Anfang sind das vielleicht nur ein paar, dann Hunderte, später Tausende und, wenn du durchhältst, irgendwann Millionen. Alle schauen zu dir auf. Lerne, dein Herz zu öffnen, und leg deine Seele in jede deiner Reden, als wäre es die letzte deines Lebens.

Engagiere dich für die Schwachen in unserer Gesellschaft und gib ihnen das Gefühl, gebraucht zu werden. Übernimm Verantwortung und übe dich in sozialem Engagement, denn dann wirst du behütet und geleitet sein. Alle Menschen, die durch ihre Reden Geschichte geschrieben haben, konnten bestimmte Missstände einfach nicht mehr ertragen. Sie haben ihren Lebensfallschirm geöffnet und sich einer großen Mission unterstellt. Ja, sie waren besessen von dem, was sie taten, und konnten durch ihr Vorbild das Verantwortungsbewusstsein anderer aufleben lassen.

Was ist deine Mission, mein Freund?

Der Weg an die Spitze

Geld darf nicht der einzige und zentrale Motivator für deine Karriere sein, das haben wir schon mehrmals betont. Dass sehr gute, mit Herzblut betriebene und andere begeisternde Arbeit auch überdurchschnittlich gut bezahlt wird, ist aber vollkommen in Ordnung – immer unter der Voraussetzung, dass du niemals deine Werte verrätst und dir deiner Verantwortung bewusst bist!

So sah mein finanzieller Weg in den der letzten 15 Jahren aus (Werte = Tagessatz):

Jahr 1–5:   50 – 750 €
Jahre 5–8:   1 500 €
Jahre 9–12:   3 500 €
Jahr 13:   4 500 €
Jahr 14:   6 000 €
Jahr 15:   13 995 € (pro Stunde)

Bist du bereit, diesen Weg zu gehen? Möchtest du jahrelang daran arbeiten, dir einen guten Namen zu machen? Diese Frage kannst du dir nur selbst beantworten, aber der Weg zum Erfolg ist in jeder Branche gleich steil.

Auf diesem Weg gibt es noch ein Erfolgsgeheimnis, das die wenigsten Trainer und Speaker kennen – und entsprechend kaum anwenden. In dem Unternehmen, das du berätst oder auf dessen Veranstaltung du sprichst, brauchst du nur einen besten Freund: den Entscheider.

Das ist jetzt vielleicht die Stelle, an der bei dem einen oder anderen die Stimmung kippt. Denn ich kann dir bei vielem helfen. Doch die Antwort auf die folgende Frage kennst allein du: Die Namen wie vieler Entscheider und Einflussgeber, die du Tag und Nacht anrufen kannst, befinden sich in deinem Telefonverzeichnis? Deren Anzahl wird den Erfolg deines Business maßgeblich bestimmen, auch wenn du das jetzt nicht hören möchtest. Am Ende des Tages werden doch immer die Trainer und Speaker gebucht, die dem CEO gefallen oder die er persönlich kennt.

Doch wie kommst du an solche Menschen heran? Wie gewinnst du sie sogar als Mentoren oder Empfehlungsgeber?

Ganz einfach: indem du gibst, ohne etwas zu verlangen, und indem du ihnen Probleme vom Hals hältst oder diese für sie löst. Denn die meisten erfolgreichen Menschen verbindet etwas: Sie haben wenig Zeit und viel Stress. Du solltest also alles tun, um diesen Personen Stress zu nehmen und Zeit zu geben – und schon bist du im Rennen.

Dazu möchte ich dir gerne eine persönliche Geschichte erzählen. Ich war vor ein paar Jahren zum Abendessen bei einem befreundeten CEO eingeladen und rat mal, wer auf der Gästeliste stand? Alles, was in der deutschen Wirtschaft Rang und Namen hat.

Die einzige Grundregel, die du bei solchen Gelegenheiten befolgen musst: Sprich niemals von dir und deinen Leistungen. Es geht vielmehr darum, dem anderen im Gespräch Mehrwert zu bieten. So hörte ich beispielsweise während einer Unterhaltung mit einem Entscheider heraus, dass sein Unternehmen, das mit Luxusgütern handelte, in naher Zukunft in die USA expandieren wollte, um dort einen Vertrieb aufzubauen. Im ersten Schritt wollte man ein Callcenter installieren, das die Kunden mit einem Fünf-Sterne-Service verblüffen und begeistern sollte. Ich lauschte aufgeregt und fragte:

- »Wie stellen Sie sich denn den perfekten Service vor?«
- »Wie möchten Sie das messen?«
- »Wer leitet denn den Kundenservice?«

Was der Entscheider nicht wusste: dass ich 1. zu diesem Zeitpunkt gerade zwei der größten Callcenter Deutschlands in puncto Freundlichkeit trainierte, 2. jahrelang in den USA gewesen bin und 3. aus dem Vertrieb kam. Derartige Informationen braucht dein Gegenüber auch gar nicht. Denn wenn du am Ende eines solchen Gesprächs alle Fakten eingesammelt hast, sagst du in etwa:

»Das klingt nach einem spannenden Projekt und besonders wichtig ist es natürlich, jemanden zu finden, der den Spagat zwischen einem deutschen Mutterunternehmen und der amerikanischen Kultur hinbekommt. Gleichzeitig sollte die Person selbst aus dem Service kommen, um auch die Sprache der Agenten zu sprechen, und sie sollte natürlich im Vertrieb eine Spitzenposition erreicht haben.«

»Kennen Sie denn so jemanden, Herr Beck?«

Als Ergebnis dieser Unterhaltung war ich mit Unterbrechung zwei Jahre lang in das bisher größte Auslandsprojekt meiner Karriere eingebunden. Während dieser Zeit habe ich zig neue Kunden dazugewonnen, die auch gerade in die USA expandierten. War das jetzt Glück, genau an diesem Tisch zu sitzen?

Nein, Glück ist die Wiese, auf der die Dummen grasen. Täglich werden dir Chancen auf dem Silbertablett präsentiert. Du musst nur hinschauen und zugreifen.

Übrigens, dieses Unternehmen stellt wunderbare Geräte her, mit denen meine Familie und ich dank eines Barter Agreements nun bestens versorgt sind.

Das Sammeln wichtiger Informationen, die mir dabei helfen, am Ende einen tollen Deal abzuschließen, nenne ich übrigens die »Columbo-Methode«. Der Fernsehkommissar, der dieser Taktik ihren Namen gegeben hat, leitete die Lösung seines Falls stets mit den Worten »Ach, übrigens …« ein.

Aus deren Raum in deinen Raum

In einem Interview für ein großes Magazin wurde ich gefragt, was der »Game Changer« meiner Karriere gewesen ist. Was genau hat also dazu geführt, dass es Wartelisten für unsere Seminare gibt, dass immer alles »voll« ist und wir uns vor Teilnehmenden kaum retten können? Dazu fällt mir sofort eine Art goldene Regel ein und diese lautet: Egal wo du sprichst, bring immer Menschen aus »deren« Raum in »deinen« Raum.

Deren Raum = Inhouse-Seminare, Multi Speaker Events, Veranstaltungen etc.

Dein Raum = dein Seminar, dein Retreat, dein Online-Kurs etc.

Du hast während der Lektüre dieses Buches eine Menge Fragen beantwortet und dir wahrscheinlich auch schon dein eigenes Folgeseminar überlegt. Ohne dieses Seminar im Gepäck fährst du auch zukünftig nirgendwo mehr hin, denn in deinem Raum kannst du zukünftig nur noch mit Menschen arbeiten, die wirkliches Interesse an deinem Thema haben.

Und welchen besseren Raum gäbe es, etwas anzubieten, als dort, wo du ohnehin schon vor Menschen sprichst, die bereits Vertrauen zu dir aufgebaut haben? Anstatt dich also für deinen Vortrag feiern zu lassen und dein Ego zu polieren, gehst du einen großen Schritt weiter:

»Für wie viele von euch waren die letzten Stunden mit mir wertvoll?«, könntest du beispielsweise fragen, um im Anschluss ein sogenanntes FREEBEE anzubieten, das auf elegante Weise den Kontakt zu deinen zukünftigen Kunden herstellt.

Ein FREEBEE kann zum Beispiel ein Hörbuch, eine Checkliste, ein E-Book oder ein Persönlichkeitstest sein.

Denk immer daran, bei jedem Event fleißig E-Mail-Adressen zu sammeln, um im Anschluss per Mail ein Angebot zu deinem Kurs zu verschicken. Mit diesem Werkzeug kannst du dir über Jahre eine stabile E-Mail-Liste aufbauen und Tausende von Menschen beispielsweise durch einen wöchentlichen Newsletter erreichen.

Ich persönlich gehe noch einen Schritt weiter; ich fahre nirgendwo mehr hin, wo ich am Ende nicht meine »Masterclass of Personality« aktiv von der Bühne verkaufen kann. Für das Template »Verkauf von der Bühne« mit einer Abschlussquote von 25 – 30 Prozent habe ich einige Jahre gebraucht; es genau zu erklären, würde den Rahmen dieses Buches sprengen. Wenn du dich in dieser Königsdisziplin weiterbilden möchtest, komm zum »Speaking Performance Master« und ich bringe dir Schritt für Schritt bei, deine Räume zu füllen, denn dann bekommt »Aus deren Raum in deinen Raum« eine ganz andere Bedeutung!

Kollaboration – Wir ist das neue Ich

»Willkommen im Haifischbecken.« So begrüßte mich vor ein paar Jahren ein deutscher Top-Speaker auf dem größten Kongress unserer Branche in den USA. »Wenn du hier überleben willst, halt dich von den Guten an die Netten und lerne die Spielregeln.« Damit ließ er mich stehen. Ich sollte noch früh genug lernen, was das bedeutet.

Wie ihr wisst, komme ich aus der Airline-Industrie und habe dort gelernt, respektvoll und freundlich mit anderen umzugehen. Auch der Austausch von Know-how ist in dieser Branche selbstverständlicher. Da die Nachfrage größer ist als das Angebot, haben Fluggesellschaften Allianzen gebildet und unterstützen sich gegenseitig.

Auch in der Trainer- und Speakerwelt ist die Nachfrage riesig und es ist genug für alle da. Da würde doch jeder bereitwillig einem Newcomer helfen, nach oben zu kommen, oder? Das dachte ich zumindest, doch die Realität sieht vollkommen anders aus! Hinter den großen Bühnen gibt es ein Hauen und Stechen, ausgeprägte Abneigungen, Feindschaften und Seilschaften. Es geht sogar so weit, dass einige Kollegen nicht auf eine Veranstaltung kommen, sollte der ungeliebte andere Kollege dort sein oder jemals dort gesprochen haben.

So einen Kindergarten mache ich nicht mit und wenn es den großen Damen und Herren wirklich um die Menschen und die Mission gehen würde, hätten sie für solche unnützen Dinge keine Zeit. Mich interessieren weder Intrigen noch Gespräche hinterm Rücken und schon gar nicht, wer wem das Förmchen weggenommen hat. Es ist genug für alle da und frei nach dem Motto »Practice what you preach« können doch die Ellbogen wieder eingefahren werden, oder?

Es gibt nur eine einzige Möglichkeit, wirklich etwas zu verändern und Sinn zu stiften: Ressourcen bündeln! Miteinander anstatt gegeneinander zu arbeiten. Wenn wir im Bereich der persönlichen Weiterentwicklung eines nicht brauchen, dann sind das Feindbilder. Ich hoffe, du wirst immer im Sinne der Teilnehmenden agieren und dein eigenes Ego im Griff halten.

Es gibt ein paar Tricks, wie du Meinungsmacher, Stars der Szene und Vorbilder dazu bewegen kannst, mit dir zu kooperieren. Bei mir war das zum Beispiel der Podcast, bei dem am Ende jeder Folge der Gesprächspartner ein Geschenk machen kann. »Hast du denn keine Angst, dass deine Kunden dann zu einem Marktbegleiter gehen?«, fragte mich letztlich ein Teilnehmer beim »Speaking Performance Master«. Ganz im Gegenteil, ich will ja meine Kunden und meine Community weiterwachsen sehen und habe null Besitzansprüche. Meine Mission ist es, so vielen Menschen wie möglich Konfetti ins Leben zu werfen, und dieses Konfetti hat viele Farben in Form von Angeboten meiner Kollegen, die ich von Herzen gerne empfehle.

Gerade weil ich an Karmic Management glaube – und daran, dass alles, was gesät wird, irgendwann zurückkommt –, mache ich gerne andere groß. Im Laufe der Jahre habe ich zudem gelernt, wie wichtig die Vernetzung mit anderen Sprechern ist, denn dieser Austausch spart Zeit, Geld und Nerven. So habe ich zum Beispiel eine WhatsApp-Gruppe gegründet, in der die Crème de la Crème der Branche sich gegenseitig Hilfestellung gibt und kein Platz für Neid oder Missgunst ist. Diejenigen mit der Pistole im Anschlag werden gar nicht erst eingeladen. Die meisten Kolleginnen und Kollegen sind übrigens großartig und eine absolute Inspiration für mich.

Zum Schluss möchte ich noch ein ganz praktisches Beispiel für Kollaboration nennen: Hermann Scherer und ich teilen uns seit Jahren genau die gleiche Zielgruppe und wir bilden beide Trainer und Speaker aus. Anstatt uns aber wie aggressive Rüden zu umkreisen, machten wir beide unsere Türen auf und berieten uns gegenseitig. Unabhängig davon, dass ich ein riesiger Fan seiner Arbeit bin, liebe ich seine Art, die Bühne zu rocken, und bin dabei keinen Millimeter missgünstig, sondern gehe noch einen riesigen Schritt weiter. Am Ende der Ausbildung in meiner Akademie empfehle ich aktiv, die Reise mit Hermann weiterzugehen, da er ein absoluter Experte im Bereich der Positionierung ist. Somit empfehlen wir uns gegenseitig weiter.

Das kannst du auch!

Wer sind die Stars in Bezug auf dein Thema / deine Nische?

_____

_____

Welchen Mehrwert kannst du ihnen bieten?

_____

_____

Wie kannst du mit ihnen kooperieren?

_____

_____

Unsere Wall of Fame

Chrissi-Joy

Speakerin, Podcasterin & Expertin für Selbstverwirklichung

Tobi ist für mich Vorbild, Wegbegleiter und ein Mensch, der selbst lebt, was er in die Welt bringt. Ich liebe seine erfrischende, herzliche, aber auch vor allem ehrliche Art.

Was er macht, macht er zu 100 Prozent, und das spiegelt sich auch in seinen Seminaren (z. B. »Speaking Performance Practitioner & Speaking Performance Master«) komplett wieder. Er ist ein absoluter Profi auf seinem Gebiet. Danke für Deinen Support, Tobi! Deine Chrissi-Joy

Miriam Höller

Ex-Stuntfrau, Speakerin, Unternehmerin

Tobi schafft es innerhalb kürzester Zeit, das Publikum mitzureißen und zu begeistern. Die Impulse für neue Wege und Denkweisen sowie die Tools, um als professioneller Speaker erfolgreich zu werden, sind Gold wert. Das Wir-Gefühl steht bei allen Seminaren im Vordergrund. Diese Dynamik motiviert, Leben gemeinsam positiv zu verändern und die eigenen Visionen umzusetzen. Ich bin sehr glücklich, dass sich Tobis und meine Wege gekreuzt haben, denn mit seiner Hilfe gehe ich heute noch stärker und zielorientierter mit meiner Botschaft auf die Bühne.

Dr. med. Mareike Awe

Ärztin und Gründerin der
intuMIND GmbH

Tobi ist für mich mein wichtigster Mentor auf meiner Reise zu einer Speakerin, die Menschen mit dem Herzen bewegt.

Mit der Hilfe seiner Seminare fühle ich mich bestens vorbereitet auf unser erstes Event mit 500 Teilnehmern und für die großen Bühnen Deutschlands. Tobis Arbeit verändert Menschenleben und er bietet einen Rahmen, in dem Menschen ihr höheres Potenzial nutzen lernen. Das ist in der heutigen Zeit unendlich wertvoll.

Denys Scharnweber

Experte für Verkaufsseminare und Persönlichkeitsentwicklung

Ich kenne Tobi nun schon eine ganze Weile und bin sehr dankbar für die Freundschaft und dafür, von ihm persönlich lernen zu dürfen. Seine Seminare sind echt spitze und jeder, der Angst vor der Bühne oder vor Menschen zu sprechen hat, ist bei Tobi in guten Händen. Tobi gibt Menschen ihre Stimme zurück und hilft ihnen dabei, ihre ganz persönliche Botschaft nach außen zu tragen. Und das auf ganz entspannte Art und Weise. So macht persönliche Weiterentwicklung Spaß! Vielen Dank!

Markus Lennackers

Speaker, Trainer, Dozent

Das für mich beste, lehrreichste und prägendste Speaker-Seminar im deutschsprachigen Raum. 90 Prozent der Inhalte setze ich mittlerweile erfolgreich um und kreiere damit nachhaltige Lern- und Handlungsprozesse bei meinen anspruchsvollen Kunden.

Ilona Bürkle

Network-Marketing-Expertin

Bei Tobi durfte ich unter anderem lernen, meine »Maske« abzulegen und meine Botschaft so zu transportieren, dass Menschen im Herzen berührt werden und in ihnen dadurch ein Veränderungsprozess angestoßen wird.

Der »Speaking Performance Practitioner « im Sommer 2016 war maßgeblich für den Durchbruch in meinem Network-Marketing-Business. Ich kann tatsächlich sagen, dass jedes Seminar, das ich bei Tobi besucht habe, für mich lebensverändernd war und dass ich ohne diese persönliche Entwicklung sicherlich nicht all die Durchbrüche erreicht hätte. Tobi gehört zu den Menschen, die meinen Lebensweg am stärksten geprägt haben, wofür ich ihm zutiefst dankbar bin.

Daniel Aminati

Entertainer / Moderator (Pro7)

Als Moderator vor der Kamera zu stehen, ist das eine, als Speaker auf der Bühne zu bestehen, das andere.

Tobias Beck hat mir durch seine Seminare den Feinschliff für die Speakerbühne gegeben.

Er ist nicht nur ein bemerkenswerter Trainer, sondern auch ein bewundernswerter Mensch.

Danke, Tobi!

Danke

Ein großes Dankeschön geht an meine Frau Rita und an meine Kinder. Ohne euch wäre ich nichts und ihr gebt mir das Gefühl, bedingungslos geliebt zu werden.

Außerdem danke ich meinen Eltern Erika und Horst Beck und meinen Geschwistern Johanna, Nadine und Olaf. Ihr seid mit mir durch dick und dünn gegangen und musstet die letzten 44 Jahre jedes meiner Luftschlösser ertragen, bevor irgendetwas sichtbar gewesen ist.

Mein Dank gilt zudem allen meinen Live-Zuschauern der vergangenen knapp 20 Jahre, denn nur durch euer Vertrauen und euer Feedback durfte ich lernen und wachsen.

Ohne mein Team würde nichts von dem funktionieren, was ihr in diesem Buch gelesen habt, und ich bin zutiefst dankbar, mit solch wunderbaren Menschen unsere Mission leben zu dürfen.

Herzlichen Dank an meine beiden Headcoaches Yvonne Schönau und Christian Gaertner für eure bedingungslose Unterstützung und Freundschaft der letzten Jahre!

Dankbar bin ich auch jedem einzelnen Querulanten, Störer und insbesondere dem Mann aus dem Betriebsrat eines Unternehmens, der sich vier Tage während eines Seminars mit seinem Stuhl in Richtung Wand gedreht und all meine Projekte bekämpft hat. Durch jeden von ihnen durfte ich lernen!

Auch danke ich dem Teilnehmer meines ersten öffentlichen Seminares, der mit den Worten »Von einer Saftschubse lasse ich mir doch nicht die Welt erklären« lauthals schreiend den Raum verlassen hat. Er und alle anderen Kritiker haben mich wachsen lassen!

Ich danke auch allen Hatern. Ihr habt mich stärker gemacht und immer wieder mit den Fingern in meinen Schwächen gebohrt. Dadurch durfte ich an Größe gewinnen.

Ich bedanke mich bei Lufthansa, Vapiano, Vorwerk, Franke, Bugatti und der 1&1 Internet AG. Ihr habt an mich geglaubt, als mich noch niemand kannte.

Danke auch an Greator (GEDANKENtanken) und Stefan Frädrich. Ihr habt mir die Plattform gegeben, auf der ich das erste Mal öffentlich auftreten durfte. Allein durch euch haben meine Inhalte zig Millionen Menschen erreicht.

Vielen Dank an meine Gastautoren Mathias Gaertner, Sven Kamchen, Stefan Schimming, Björn Schnare und Christian Wermke. Eure Kapitel runden das Buch bestmöglich für jeden Leser ab.

Ein großes Dankeschön geht an unsere phänomenale über 150-köpfige Crew, die unsere Veranstaltungen bedingungslos unterstützt, und an mein Team, das Tag und Nacht an unserer Vision arbeitet.

Über den Autor

Tobias Beck entwickelte sich vom Flugbegleiter mit Lernschwäche zum, laut FOCUS, besten Speaker im deutschsprachigen Raum. Als Sprecher erreicht er online Millionen. Sein erstes Buch *Unbox your Life!* (GABAL 2018) wurde in 19 Sprachen übersetzt und der Nachfolger *Unbox your Relationship!* (GABAL 2019) wurde zum Spiegel Bestseller! Sein viertes Buch, *Unbox your network* (Next Level 2022), war schon vor der Veröffentlichung in der 3. Auflage.

Der Tobias Beck Podcast schoss sofort auf Platz 1 der Charts und wurde bereits mehr als 24 Millionen Mal gehört. Lufthansa hat ihn im Bordprogramm. Namhafte CEOs vertrauen Tobias Beck als persönlichem Berater und auf seinen Seminaren begeisterte er live bereits Hunderttausende. 2018 und 2019 wurde er mit dem Publikumspreis »Speaker des Jahres« geehrt.

Tobias Beck hat Psychologie studiert und gibt viele seiner Keynotes kostenlos an Schulen und Universitäten. Ein weiteres besonderes Anliegen ist für ihn die Unterstützung sozialer Projekte.

www.tobias-beck.com

Gratis Persönlichkeitstest (im Wert von 95,00 €)

Die Grundlage für deinen Erfolg!

Erfolgreiche Menschen haben verstanden, dass sie zu absoluten Profis im Umgang mit ihren Mitmenschen werden müssen! Um Menschen für dich zu gewinnen, musst du zuerst deine eigene Persönlichkeit verstehen. Bist du ein Hai, ein Delfin, ein Wal oder doch eine Eule? Finde es jetzt heraus und profitiere wie bereits Hunderttausende vor dir vom bekannten Persönlichkeitstest zu den vier tierischen Menschentypen von Tobias Beck!

Zum kostenlosen Persönlichkeitstest:
https://www.tobias-beck.com/buecher/die-rede-deines-lebens/linksammlung/

Speaking Performance Starter (Onlinekurs)

Meistere die wichtigste Fähigkeit!

Eine Sache haben alle erfolgreichen Menschen gemeinsam: Sie können gut vor Menschen sprechen! Sie haben gelernt Menschen mit Worten zu begeistern und auf Knopfdruck besser zu performen als alle anderen. Die gute Nachricht ist, dass die Kunst öffentlich zu Reden für jeden erlernbar ist. Tobias Beck hat mit seinen Speaking Performance Programmen bereits mehrere tausend Teilnehmer erfolgreich ausgebildet!

Alle Infos zum Speaking Performance Starter:
https://www.tobias-beck.com/buecher/die-rede-deines-lebens/linksammlung/

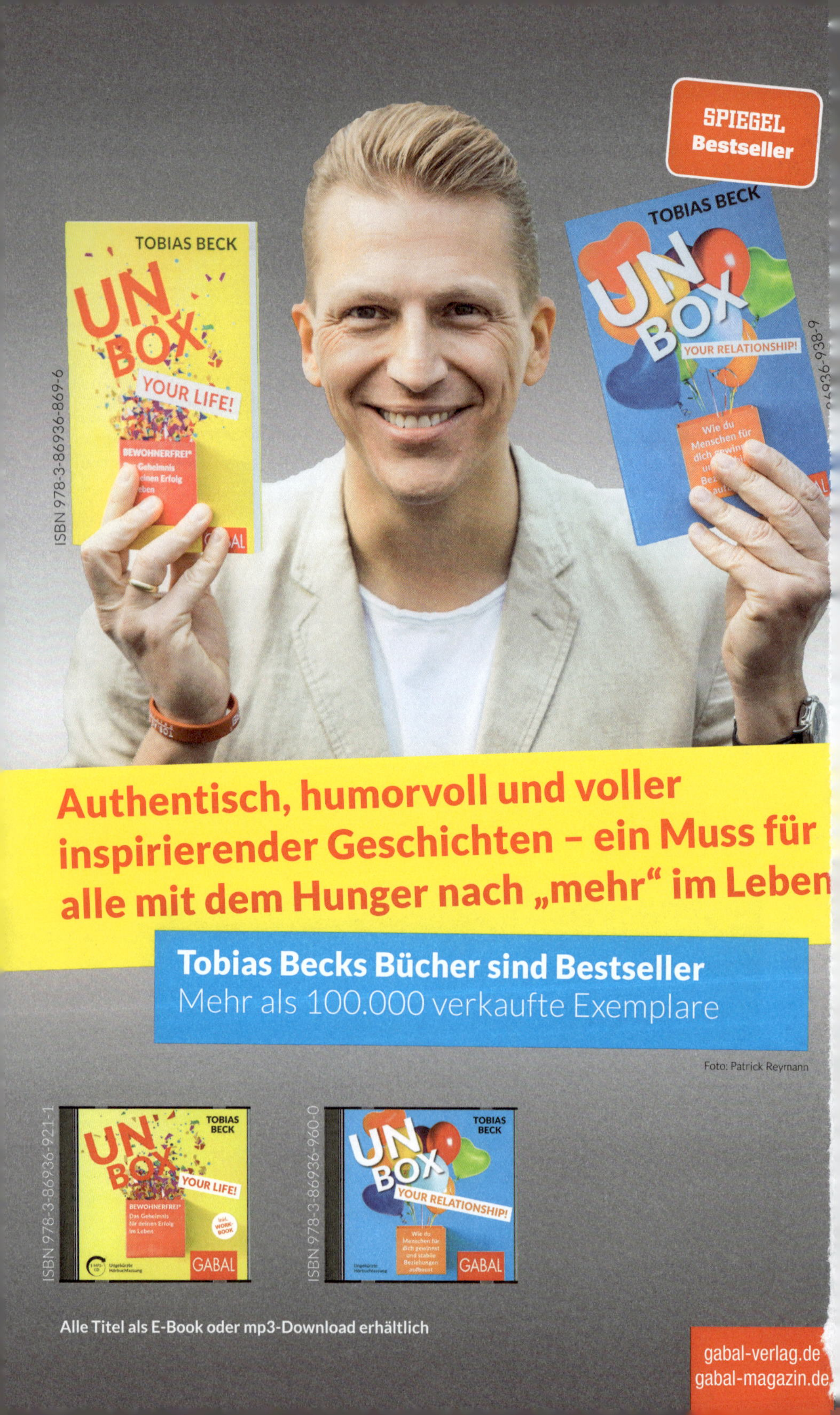

SPIEGEL Bestseller

Authentisch, humorvoll und voller inspirierender Geschichten – ein Muss für alle mit dem Hunger nach „mehr" im Leben

Tobias Becks Bücher sind Bestseller
Mehr als 100.000 verkaufte Exemplare

Foto: Patrick Reymann

Alle Titel als E-Book oder mp3-Download erhältlich

gabal-verlag.de
gabal-magazin.de